フランシス＝ベーコン

ベーコン

●人と思想

石井 栄一 著

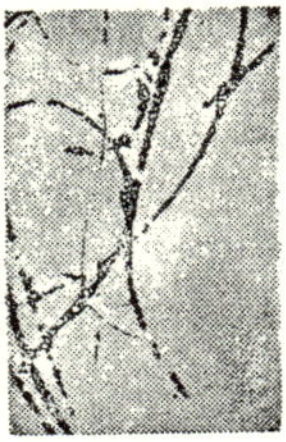

43

CenturyBooks 清水書院

はじめに

この本で述べるベーコンは、イギリスの哲学者ベーコンと言えば第一に想起される、一七世紀のフランシス＝ベーコンである。というのは、イギリスにはフランシス＝ベーコンより約三五〇年前に、ロジャー＝ベーコンという、もう一人の哲学者ベーコンがあるからである。

わたくしが大学で下村寅太郎先生から「近世哲学史」の講義を受けたとき、「フランシス＝ベーコンは人類のウェルフェア（福祉）のインベンター（発明家）たらんとした」と教えられた。その頃はその意味を充分に考えることもなかったが、この言葉が妙に長くわたくしの記憶に残っていた。

大ていの高校の「倫理・社会」の教科書に、フランシス＝ベーコンは哲学者、政治家で経験論を唱え、帰納法を強調した、と書いてある。ベーコンは哲学者であるが『随筆集』もあり、随筆文学者でもある。法律家で裁判官として最高の大法官となり、法律論を書いている。政治家としては国会議員、枢密顧問官であった。大法官は閣員で、国王の最も重要な補佐役であった。まとまった政治論はないが、具体的な政治問題についての論文も書いている。歴史を論ずるだけでなく、実際に歴史も書いている。自然研究について論じ、殊《こと》にその方法として帰納法――ベーコンは、すべての学問の正しい研究方法であると主張した――について詳しく書いている。このようにベーコンの学問は、人文科学、自然科学の広い分野にわたっているが、かれの当時の哲学というものは、こういう広い領域を包括していたのである。

つぎにベーコンは、たんに理論を展開した学者ではなく、それを実践した人であった。学問はたんなる理論に留まるべきでなく、人生に適用すべきものであるというのがベーコンの主張で、かれは理論と実践の統一という自分の主張を実行した人であった。

第三に、ベーコンが経験的方法として帰納法の改革を企てたのは、帰納法こそが、人生に適用して人類の福祉を増大させるという学問の正しい目標を達成するための正しい方法である、と考えたからであった。かれは、人類の福祉を発明するような学問を発明するために、学問の正しい方法の発明を企てたのであった。いわば発明の発明家たらんとしたのであった。

大学を卒業してから三〇年以上もたって、ベーコンを少し読み、やっと大学で教えていただいたことの意味が分かったのである。

*　　　*　　　*

「読書は、反対したり反駁するためのものであってはならない。信じたり、そのまま受け入れたりするためであってもならない。話や談論の種を見つけ出すためであってもならない。思慮し考察するためのものである」。

ベーコン、『随筆集』より

目次

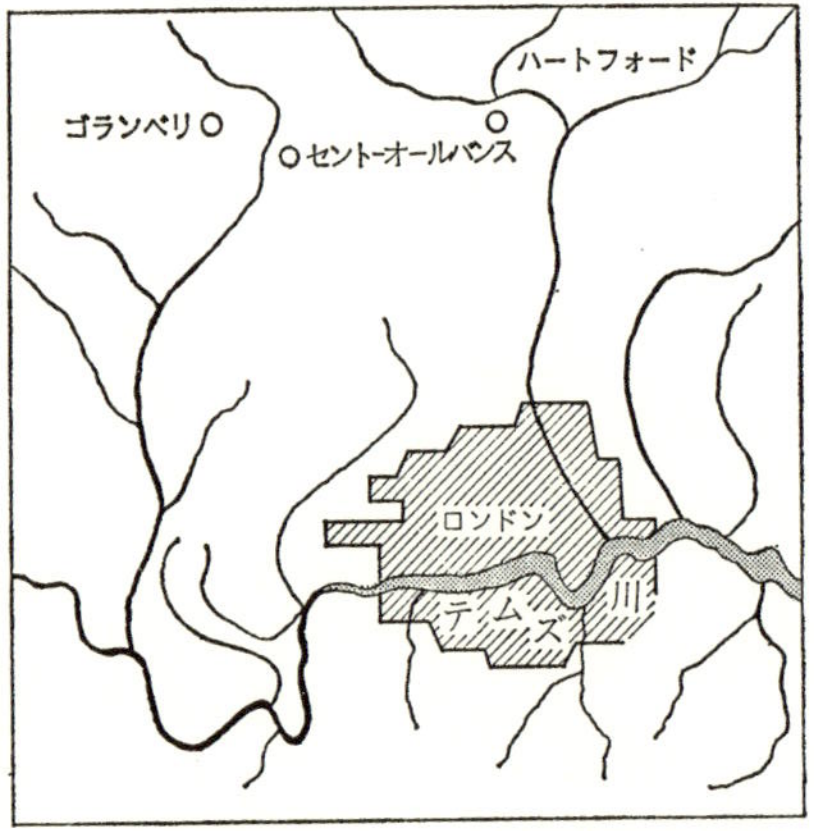

ベーコン関係ロンドン及び周辺地図

I　革新の時代

イギリスの宗教改革

同時代の人々

フランシス＝ベーコン Francis Bacon は、一五六一年にイギリスに生まれ、一六二六年にこの世を去った。一六世紀の後半から、一七世紀の四半期にかけての人である。この時期は、ヨーロッパにおける、いわゆるルネサンスの後期に当たっている。宗教・文芸・学問・政治・経済の各方面にわたって、一大革新の時代であり、世界の歴史においても著しい進歩の時代であった。ベーコンの母国イギリスも例外でなく、歴史上エリザベス時代と呼ばれるエリザベス女王の統治の時代と、ジェームズ一世の統治下にあって、イギリスのルネサンス期に当たっている。

この頃、わが国では戦国時代が終息期にはいり、織田・豊臣の天下統一から、徳川家光に至って、幕藩体制の基礎が固まっていた。やがて鎖国によって狭められたけれども、ベーコンの誕生の少し前にポルトガル人が鉄砲を伝え、ザビエルが天主教を伝えるなど、世界への窓が開かれた時代である。

ベーコンと同時代の人々として、ヨーロッパ大陸には、イタリアにブルーノ、カンパネラ、ベーコンより三歳若いガリレイがある。フランスには、二八歳年上のモンテーニュ、三五歳若いデカルトがある。スペインのセルバンテスは、一四歳年上である。ドイツには、一〇歳若いケプレル、一四歳若いベーメがあり、オランダのグロティウスは二二歳若い。

かれの母国イギリスには、エリザベス朝の著名な政治家セシルがあり、このバーレイ卿セシルはベーコンの伯父に当たっている。劇作家にシェークスピア、詩人にスペンサー、法律家にベーコンの敵対者でもあったコークがある。軍人で探検家であったローリイ、数学者に対数の発明者ネーピア、磁気研究者ギルバート、生理学者に血液循環説をとなえたハーヴィ、哲学者にベーコンより二七歳若いホッブスがある。ベーコンの時代は、各方面において傑出した人物が活動した時代であったのである。ベーコン自身は、法律家・政治家であり、随筆家としても名をなし、また、哲学思想家、科学の鼓吹者として顕著な業績を残している。まことに多才で、多彩な活動をした人であり、ルネサンス期に見られる多芸多能の人物の一典型である。

エリザベスの即位と宗教政策

宗教改革は、一六世紀における西ヨーロッパの最も重要な事件であるが、イギリスにおいても同様である。イギリスの宗教改革は、テューダー王朝二代のヘンリ八世が、ローマ法王が許さなかった王妃カサリンとの離婚を正当化するため、ローマ法王から独立したのがその起源である。ヘンリ八世は、「国王は、地上におけるイギリス教会の唯一最

エリザベス一世

高の首長である」と宣言し、教会は国王の最高権に服従する国教会となり、非ローマ主義と反異端主義をとった。しかし、定めた信仰の基準はカトリックであった。一五三一年から三四年までのあいだに、九名ないし一〇名が異端ということで焼殺され、一五三五年には、二五名の再洗礼派教徒が一日のうちに焼殺されたという。続いて、すべての修道院を解散させて、その土地と財産とを国王の所有とした。

ヘンリ八世を継いだエドワード六世は、幼少であったためサマシット公が摂政となった。この時に至って、教義と礼拝との宗教改革をめざし、新たに信仰の基準を定め、イギリスの国教会は新教化することになった。なお、教会附属礼拝堂を破壊し、その土地を国王の所有とした。これらの急激な変革に対しては、ヘンリ八世時代の信仰の基準の復活を要求する反乱が、西部・南西部地方に起こった。この反乱は、宗教的性格の中に、階級的対立をも潜めたものであった。

エドワード六世の後を継いだ、その姉カトリックのメアリは、一五五三年に国会に命じてエドワード時代の宗教改革関係の法規のすべてを無効とさせた。そうして、カトリックに復し、一五五四年には、のちのスペイン王フェリペ二世と結婚し、カトリック的反動をすすめた。すなわち、同じ年に異端焚刑法を定めて、新教徒を迫害した。三〇〇名以上が焼殺されたと言われ、世に「血なまぐさいメアリ（Bloody Mary）」という異名で呼ばれるに至った。このため、新教徒の多い東南部諸州に反乱が起こり、また、大陸へ亡命する新教徒も少なくなかった。

一五五八年、メアリの没後、その妹のエリザベス一世が即位した。国内には、カトリック教徒と新教徒との対立が鋭かったので、エリザベス女王は中間的立場をとり、国民の大多数が信仰することを眼目とした。すなわち、一五六三年、新しく新旧諸派を混合した信仰基準を定めたのである。これは、実際的で賢明なものであった。異端に対しても寛容で、個人的信仰に留まるかぎりは、これを許容した。そのため、純粋を欲する新・旧両派から反対運動が起こった。ことにカトリック教徒の反対は海外の勢力を背景としたものであった。一五八三年、スコットランドの廃女王メアリと通じたカトリック教徒は、カトリック国のフランス軍をイギリスに上陸させようとした。一五八七年に、メアリが捕えられて処刑された。翌年カトリック教的世界統一政策をすすめるスペイン王フェリペ二世は、一三〇隻の無敵艦隊によるイギリス遠征を企てた。これは、イギリス海軍によって大打撃を蒙り、以後、イギリスはスペインに代わって海上権を制覇することとなった。エリザベス時代は、新教を基本とするイギリス国教会の基礎が確立した時代である。併せて、イギリスが世界の貿易国、植民地帝国となる第一歩を踏み出した時代である。

エリザベス女王の後は、ステュアート家のジェームズ一世が継ぎ、教会に対する国王の地位をいっそう強化した。

ベーコンと宗教　イギリスの宗教改革は、宗教問題に留まらず、政治・経済・社会問題であった。また、異端の迫害という流血の惨事をともなっていた。ベーコンは、一五八四年、二三歳の折、エリザベス女王に対して、宗教政策上の勧告の手紙を書いている。それは、かれが母国における宗教紛争の悲惨の事実、また、一五歳から二年ほどフランスに滞在して、聖バーソロミューの大虐殺以後の宗教紛争によるフランス社会の混乱を見聞したことに、深く動かされたものであった。その手紙は、カトリック教徒を恐怖させるような強硬政策によって、かれらを絶望的な行動に追い込むことのないようにと説いたものである。

ベーコンは、カルヴィニスト・プロテスタント的雰囲気の中で育てられた、真面目な国教徒であった。父のニコラス＝ベーコンは、熱心なプロテスタントであったし、母のアン＝クークは情熱的なカルヴィニストで、たびたび子供たちに信仰上の忠告をしている。また、ベーコンの母方の祖父アンソニイ＝クークは、エドワード六世の有力な補佐役で厳格なピューリタンであった。こうした宗教的雰囲気は、ベーコンの心に真面目な信仰心を育て、信仰はかれの活動・著作の有力な動機となっていた。かれの主著、『大革新』の「著作の区分」は、こう結んでいる。「父なる神よ、**目に**見える光を創造の最初の成果として与え、知性の光をあなたのみわざの極致、完成として人間の**顔**

に吹きこまれたあなたは、あなたの仁慈から出て、あなたの栄光に帰る、この仕事を守り、導きたまえ」と。ベーコンは、おそらく母やクーク家の影響を受けて、ピューリタンに同情的であった。後になって、ローマ教会の思考形式に反抗し、霊感の世界から啓示される知恵と世俗的な知識とを混合して思考し研究することに反対したのも、クーク家のピューリタン的宗教生活から影響されたものである。しかし、エリザベス女王あての手紙にも見られるように、不寛容ではなかった。

一五九七年に初版が出た『随筆集』の第一五章の中で、宗教を政府の四つの支柱の第一にあげて重要視している。そして、第三章の「宗教上の一致について」の論説では、教会の統一の効果・限界・手段について論じている。ベーコンは、異端と分裂とは、すべての害悪のうちで最大のもので、これほど人々を教会に近よりがたくし、教会から追い出す力のあるものはほかにないと言っている。反対に、宗教の一致は、無限の祝福を含む平和をもたらす、という。

ベーコンによると、教会の一致を妨げるものは二つある。狂信と折中的方法とがこれである。狂信者の眼中には平和がなく、ただ、宗派と徒党とがあるだけである。折中的方法は、両方の側から一部分を採用し、巧みな調停によって宗教上の諸問題を妥協させることを考える。しかしそれは、宗教の本質を不純にし、その平和には永続性がない。真の一致は、「宗教における根本的、本質的問題が、純粋な信仰問題でなく、たんに意見や命令や善意についての問題から、真に弁別され分離されるならば実現できる」と主張する。そして、一致を実現する手段として、武力や刑罰を用いることに反対する。「宗教的一致を達成し強化するさいに、博愛の法則と人間社会の法則とを失わせたり傷つけたりしないように、注意しなくてはならない」。「戦争によって宗教を広めたり、血なまぐさい迫害によって良心を強制してはならない」。まして、暴動の助成、陰謀・反乱の正当化、民衆の手に剣を渡すことは許されない。このようなことは、「人間をキリスト教徒であるとだけ考え、それが人間であることを忘れることになる」。このようにベーコンは、宗教上の寛容を説き、異宗派・異教徒・無神論者などに対しても、武力による迫害を否定した。博愛と人間良心の自由とに反するからである。そしてまた、宗教上の紛争に武力の行使を禁止し、民衆からすべての武器をとりあげて、宗教だけでなく、政治上の武力反乱を抑制し、国家主権の確保を考えたものであった。

絶対王政と第一次産業革命

封建貴族の没落と中産階級の進出　ヨーロッパの中世の特色は、封建制度とローマ教会の支配とであり、その代表者は貴族・僧侶・騎士階級である。イギリスでは、一三三七年から一四五四年にもわたるフランスとのあいだの百年戦争、その後一四五四年からおよそ三〇年間続いたイングランドの内乱、すなわちバラ戦争などを経て、封建貴族は大打撃を受けた。テューダー王朝のヘンリ七世を国王として承認した第一国会に出席した世俗貴族は、わずか二九名であったという。ヘンリ七世は、貴族の勢力をそぎ、王室の地位を高める政策をとり、他方、官僚的政治機構をととのえ、従来の貴族よりも、有能な中産階級出身者を登用した。ステュアート朝になって多数の新貴族を任命したが、これらには封建貴族の誇りはなく、最初から国王に対して服従する者であった。

聖職貴族も、ヘンリ八世の宗教改革によって、司教は国王に服従し、修道院も解散させられ、財政上も大打撃を受けた。騎士階級も、軍務から離れ地方の地主として安住するようになった。宗教改革にともなった多くの内乱は、テューダー王朝の中央集権主義に反対するものであったが、これらも鎮圧されて、エリザベス時代以後は、王権はゆるぎないものとなった。

中世を代表する貴族・僧侶・騎士に代わって、新しく中産階級が登場した。それには、ジェントリとかジェントルマンと呼ばれた地方の小地主と、ヨーマンと呼ばれた自営農民、市民のうちの商人や富裕な職人たちがある。かれらの子弟は大学に学んで官吏となり、テューダー・ステュアート両王朝の中堅階級となった。かれらのうちで功績のあった者は貴族に任命され、ステュアート朝に至ると官僚出身貴族が封建貴族の地位に代わって、王室の忠誠な藩屏《はんぺい》となった。中でもめざましいのはジェントルマンで、地方行政を担当した治安判事は、多くジェントルマンの中から選考され、当時次第に実力を加えつつあった下院は、州・自治市を代表するジェントルマン出身議員で占められるようになった。

テューダー王朝は、かれらを保護し、その力を背景とする政策をとった。宗教改革によって国王に没収された修道院や礼拝堂付属の土地は、大部分がジェントルマンや商人に買い受けられ、かれらに利益をもたらした。宗教改革がもたらした個人主義・合理主義・自由の傾向も、中産階級の活動を促し、産業経済活動を活発ならしめた。一六世紀末のイギリスの国民的発展は、中産階級の活動に負うものが大であった。そしてかれらは、地方的というよりは国民的立場に立ったので地方や都市も国家の一要素となり、中央集権的、国民的統一を形成していったのである。

宮廷の影の中で

ベーコンの祖父ロバート＝ベーコンは、サファク出身のジェントルマンで、父ニコラスはケンブリッジに学び、フランスに遊学し、法官となり、エリザベス女王の国璽《こくじ》相となった。修道院の解散によって六つの地方に土地を入手し、土地の改良・経営にも熱心であった。エリザベス時代のもっとも有力な政治家ウィリアム＝セシルは、ベーコンの母方の伯父にあたっている。セシルは、大蔵卿・首相となり男爵に叙せられ、テューダー王朝のジェントルマン出身の新官僚・貴族の典型である。ベーコンは、幼少の頃から宮廷を取り巻く名士たちとその生活の実情とに親しんだ。一二歳の折、エリザベス女王に謁見し、「何歳か」と問われて、「女王陛下の御治世よりも二歳若い」と答えて喜ばれ、女王は、「わたくしの若い国璽相」と呼んだという。ベーコンは、いわば宮廷の影の中で生長し、かれの生活理想も、そこで成長した。かれがエリザベス女王とジェームズ一世とに仕えて、つねに熱烈な王権擁護の立場に立ち、王の好意を得ようと努力し、その政策はイギリスの利益と発展とを第一義とするものであったことは、かれの出身と宮廷に対する関係とからも理解されよう。

『随筆集』の中で、貴族について論じている。「貴族があまり偉大で主権や司法権が困るというようなことがなく、下層の人々の傲慢《ごうまん》が国王の威厳の所まであまりじかに来ないで、そのまえに貴族のところで当たってくだけるような高さにおかれるのがよい」と。貴族は、国王の藩屏であるべきなのである。ベーコンの政治上の見解が、学問研究における主張にくらべて保守的、現状維持的であることも、上に述べた事情からであろう。

第一次産業革命と海外進出

一六世紀から一七世紀にかけて、イギリスに一つの産業革命が起こった。その中心は、農村の家内工業による毛織物業であった。これとともに牧羊業が盛んとなり、これにともなって、地主が羊の牧場として、農民の共有であった放牧地や小作耕地を合わせて囲い込む、いわゆるエンクロージャーが起こった。これは、一九世紀までも続いたものである。エンクロージャーの結果、農民の追い出し、貧民化が生じ、多くの学者・思想家はエンクロージャーを非難し、これを禁止する法律がいく度も制定されたが、その効果はあがらなかった。他方、修道院の廃止や産業上の競争による失業者の発生などで、救貧対策は一六世紀のイギリスの一大政治・社会問題であった。ベーコンもエンクロージャーには反対で、一六〇一年の国会において、エンクロージャーを禁止した耕地法の撤回に反対している。「王国の富が少数の牧場主の手に占められることは、国家の政策と一致しない」というのが、反対の趣旨であった。エンクロージャーには弊害もあったが、新たな土地の開墾や囲い込み外の土地利用の改良などによって、全体としては生産を高めるものであった。また、これまで自活農業であったものから、しだいに資本主義的経営に変化していった。ベーコンは、『随筆集』の中で言っている。「土地の改良は、富を得るもっとも自然なやり方である。……しかし、それには時間がかかる。けれども、大きな富を持っている人が農業に手を出すと、富の増加は著しい」と。

毛織物工業も、家内工業からしだいに賃銀労働者を使用するマニュファクチャーに発達した。その他、石炭業、銅・鉛・錫などの鉱山業、製塩、製鉄、ガラス工業から、新しく製紙、銅や真鍮《しんちゅう》の冶金、製陶工業などの発展もみられた。テューダー王朝は重商主義政策をとり、商業・貿易・工業を保護奨励した。しかし、直接に国家が経営することはなく、個人企業にまかせた。これも産業活動を活発にした原因である。工業の育成のため、石炭、鉱山業、製塩、ガラス、ソーダ、製紙業などに独占の特許を与えた。これは、後進産業の保護とか国防や国庫収入上の理由からであった。ベーコンは、発明や発見をうながし、また、その労苦に報いるという見地から、特許政策に賛成であった。しかし、独占の特許は、宮廷と結んだ貴族・官僚・商人などに多く与えられて悪評高く、王政批判の材料ともなり、ベーコンの失脚の一因ともなった。

イギリスは、農業国からしだいに工業国、工業製品の輸出国、海上貿易国となった。外国貿易のために、金持の商人が集まって貿易会社をつくり、それぞれの地域の貿易の独占権を得た。一五五三年のロシア会社、一五五五年のアフリカ会社、一五七七年のスペイン会社、イーストランド会社、レヴァント会社、一六〇〇年の東インド会社などがあり、また、古くからの冒険商人組合があった。

貿易とともに、植民事業も行われた。エリザベス女王の一五八三年に、ギルバートがニューファンドランドに探検したのが植民地開拓の始まりである。続いてヴァージニアへの移民、ニューイングランドの開拓なども試みられた。植民事業も植民会社に特許が与えられていた。一六〇一年のニューファンドランドへの漁業移民の計画には、ベーコンも参画したものであった。これらはいずれも失敗に終わったが、一七世紀以後の植民地開拓事業は、エリザベス時代に開始されていたのである。ベーコンは、『随筆集』の中で植民事業についても語っている。

「富は使うためにある」

イギリスの社会は、しだいに富を増加した。エリザベス時代になると、失業者・浮浪人の問題もあったが、平和が続き、上流・中流社会では広壮な邸宅を構え、衣服・装飾品も華美となり、食物なども多様に、また上品となった。一六世紀の初め頃は、イングランドの大多数の人々は、農村の泥の小屋に住み、なめし皮の服を着て、木皿にのせた黒パンを食べ、フォークやハンカチは使っていなかったという。その後の一世紀のあいだに、ジェントルマンやヨーマンも煉瓦《れんが》・石で家を新築し、農村でも家を建て直し、ガラスなども用いられるようになった。上流階級は絹やビロードを着て、多くの人々は(下層の者は、古着であっても)毛織物の衣服を着るようになった。わらぶとんと木の枕から、毛くず入りのベッドと枕に変わり、木製の皿やスプーンが真鍮や錫の合金の食器に変わった。

ベーコンの『随筆集』には、出費・富・利息など経済についての論説や、建築、庭園など風俗、生活に関しても書いてある。「富は使うためのものである」と言うベーコンは、ぜいたくを好み、はでに失費し、そのために借金に苦しみ、それが身の破滅の遠因ともなった。かれの死後、七、〇〇〇ポンドの遺産に対して、二万ポンドの借財があったと言う。

一五世紀にカクストンが印刷術と印刷機とを輸入し、一四七七年にウェストミンスターに印刷所を設けた。その後、知識の一般化が行われて、火薬が戦術上、貴族を倒したと同じように、知識の封建制を打破していった。印刷術と火薬と羅針盤との三つは、発明が人間生活に大変革をもたらした好例として、ベーコンがたびたび嘆称《たんしょう》するところである。聖書が英語に訳されて広くゆきわたり、聖書を個人で研究することが可能となり、プロテスタントは家庭で礼拝するようにもなった。中流以上は書物を入手できたので、家庭が家族だんらんと共に文化と討論の中心となることができた。教育に対する要求も高まり、古い歴史のあるウィンチェスターやイートンの学校の他に、一六世紀にラグビィ・ハロウなどの学校も創設された。この世紀になると、オックスフォードやケンブリッジでは、ラテン語のほかにギリシア語を教え、ギリシア・ローマの古典的教養がイギリスの精神界に新風を吹き送り、各種の文学、各方面の学問的著作も現れ、多方面に傑出した人物が活動した。それらの人物は、前にあげた。学術・文芸が盛んとなったのは、ルネサンスの時代精神と中世的なものからの解放によるものであるが、イギリスの産業・貿易の発達、富の増加という社会的背景があって、才能を発揮するゆとりができたからでもある。

ベーコンの時代における役割

イギリスのルネサンスは、一五世紀末にイタリア、フランスに留学したグローシン、リナカーなど「オックスフォードの改革者たち」と呼ばれるヒューマニストの活動から始まった。続いてチーク、アスカムなどケンブリッジ出身のヒューマニストがこれを推進した。これらヒューマニストたちの活動は、文学や学問に新風を吹き込んだが、一四世紀のウィクリフ以後しばらくの間、哲学者と言われるほどの人物は見当たらない。ベーコンの頃までは、大学ではアリストテレスの哲学・論理学が支配的であった。

一六世紀の後半にフランスのラムスの思想が移入され、論理学や学問の研究法に関する論議をもたらした。ラムスはアリストテレスの論理学を激しく非難し、学術はつねに自然に基づくべきことを主張した。かれの主張は西ヨーロッパ諸国に受け入れられ、大学のアリストテレス、スコラ哲学の権威をゆるがすとともに、正確な知識と自然研究への要求をかき立てた。イタリアのテレジオ、カンパネラ、ブルーノなどの著作がその証拠である。イギリスではテンプルの活動によって、ケンブリッジは一七世紀のヨーロッパのラムス主義の主導的大学として知られ、エリザベス時代には熱狂的ラムス学徒が続出した。

ベーコンはラムスをあまり賞讃していないがテレジオを著作家の最上の者と評し、かれからアリストテレスに対する攻撃と、感覚と経験とに訴えるべきことを学んだ。ブルーノは一五八三年から八五年までロンドンに住み、一時オックスフォードで教え、宇宙哲学、倫理学に関する著作を出版した。かれがイギリスで出版した『勝ち誇る動物たちの駆逐』には、人間の力を地上の主権者に高めようという、ベーコンと同じ考えが示されている。

　論理学と探求の方法が論議されているあいだに、ケンブリッジの研究員ギルバートは磁力の精密な実験的研究を行い、一六〇〇年『磁力について』を公刊した。ハーヴィは一六一六年に血液循環説を発表した。この研究も帰納法のよい実例であった。しかしかれらは帰納法の理論を持っていなかった。同じ頃、オックスフォード出身のフラッドはパラケルシスの自然哲学を移植し、コペルニクス、ギルバート、ケプレル、ガリレイに反対した。また、オックスフォードの教授カーペンターはアリストテレスの自然哲学に反対して、科学的地理学の著作を発表した。新しい知識と学問とに対する要求が高まり、個々の研究は進められていたが、これに適用すべき新しい研究方法の理論は確立されていなかった。時代の課題はベーコンを待っていたのである。

ジョルダノ＝ブルーノ

　これまで、ベーコンの生きた時代のイギリス社会と、かれがいかに時代の流れの中を泳いだかを見て来た。ベーコンは、ただ時代の波に漂《ただよ》った人ではなく、時代の動向の予見者、先導者であった。ベーコンのすぐれた研究者ファリントンは、ベーコンの時代と、その時代においてかれがはたした役割とを、つぎのように述べている。

「いまやイングランドは、第一次産業革命にのり出していた。この革命は修道院の解体にひきつづく一〇〇年間に起こったものである。一五四七年に終わったヘンリ八世の治世には、イングランドは産業上は後進国であった。一六四二年に終わったチャールズ一世の治世には、イングランドは鉱業と重工業とにおいてヨーロッパの一流国であった。この変化は、一五七五年から一六二〇年のあいだ、フランシス＝ベーコンの一五回目から六〇回目の誕生日のあいだが、もっとも急激であった、と言われている。産業に対する科学の応用の予言者として、ベーコンはその波頭を泳いでいたのである」と。

一五世紀以来の探検の精神が、一六世紀の半ばからイギリスに輸入されて、アジア地方への新航路の発見が、イギリス人に熱心に考えられたのであった。それには、二つの計画があった。一つは、ロシアの北海岸を通るもので、ウィロービーがメアリ女王の時に試みたが、航路の発見には失敗した。しかし、これからイギリスとロシアとの交通が開けることになった。もう一つは、カナダの北を通ってアジアに出る計画で、一五七六年から、いく度も試みられたが、アジアに出ることはできなかった。しかし、カナダ地方を探検することはできた。ベーコンの時代は、このような地理上の探検だけではなく、あらゆる方面にわたっての探検の時代であった、と言うことができよう。政治・産業・科学などの各方面にわたって新しい行き方を模索しつつあったのである。この時代に生まれたベーコンは、知的世界の新航路を発見しようと試みた者であると言うことができよう。

ベーコンは、『学問の前進』の中で、ヘンリ七世からジェームズ一世に至る時代について、つぎのように述べている。「バラを統合した時代から王国を統合した時代に至る期間は、わたくしの判断によれば、同じ期間のいかなる世襲王朝の継続のあいだにも見られない、もっとも珍らしい多様性があった」と。この時代は、上に述べたように、イギリスがローマ教会から独立し、政治的には封建体制を打破して中央集権の強力な君主体制を進め、イングランドからグレートーブリテンになる時代であった。また、国民主義に立つ新興の中産階級が政治・経済上に新進気鋭の活力をもって活動し、国力も充実した時代である。イギリスが大陸諸国との競争において、早くも一歩先んじ、宗教・文学・学術においても、民族的個性ある英国風のものを発展させつつあった。世界の各地に企業的精神と探検的精神とをもって進出し、さらにグレーターーブリテンにならんとする時代であった。ベーコンは、自分の時代の特長をつぎのようにも語っている。「この時代の人々が『かなたには何もない』non ultra よりも、『かなたに何かある』plus ultra という語に重きをおいたのは正しい」と。ひとりイギリスだけでなく、ヨーロッパ世界に新しい時代——科学と産業の時代——の胎動が始まっていた。遠くかすかに聞こえる新しい時代の動向を、「かなたに何かある」と、同時代のいかなる人にもまさって早くも察知し、人類の未来への入口を探求した人、これがフランシス＝ベーコンなのである。

Ⅱ　ベーコンの生涯

エリザベス朝の花園

家庭の雰囲気

フランシス＝ベーコンは、一五六一年一月二二日、英国国璽相ニコラス＝ベーコンの末子として、ロンドンの西郊ストランドにある父の公邸ヨーク－ハウスにおいて誕生した。ニコラスは、思慮深く温和なユーモリストで、高潔で学問を好み、また熱心なプロテスタントであった。六人の子供を残して先妻に先立たれ、エドワード六世の教育係で博識家として知られたアンソニイ＝クークの娘アンと再婚した。アンとのあいだに、アントニイと二歳若いフランシスの二人の息子をもうけた。フランシスは、ニコラスが五一歳の折の子供で父の愛情も特別であった。

母アンは、バーレイ卿ウィリアム＝セシルの夫人ミドレッドの妹にあたる。彼女はピューリタン的カルヴィニストで、ギリシア・ラテンの古典語、ならびにフランス語・イタリア語にも精通した、高い教養のある性格の強い婦人であった。一五五〇年に、イタリアの宗教改革者ベルナルディノ＝オキーノの『説教集』をイタリア語から翻訳出版した。フランシスが二歳の頃は、ジェウェル僧正の『イギリス教会の擁護』を、ラテン文から英訳することに没頭しており、一五六四年に出版し

父ニコラス＝ベーコン（左）と母アン＝クーク

た。二人の息子を熱愛し、かれらが国家や政治・経済問題に没頭しているとき、たびたび手紙を送り、道徳・信仰上の勧告をしている。

フランシスは、顔だちは母に似ており、激しい活力も母から受けたが、温和な自制心とユーモア、気軽さは父から受けついだ。

フランシス＝ベーコンは、当時のイギリスの第一級の知的、宗教的、政治的雰囲気の中に育ったと言ってよかろう。

かれが幼少の頃は、ヨーク－ハウスと、五歳の頃に父ニコラスがロンドンの北西一八マイルほどのセント－オールバンスに構えたゴランベリの邸宅とで育った。当時の風にならって幼少からギリシア・ラテンの古典語、フランス・イタリア語を学んだ。父は政務に多忙で、教育の管理は母アンに委ねていたが、父の思慮深い家事経営も、ベーコンの天性に深く影響した。ゴランベリの邸宅は、果樹園の中に小宴会所が建てられ、珍奇なものを飾り、その壁には音楽・文法・修辞学・論理学・算術・幾何学・占星術の学芸にすぐれた人人の名前と韻文とが書かれてあった。礼拝堂・馬屋・水車場・醸造所・パン焼き場、果物や野菜の貯蔵所など自給の施設を持ち、また、一マイルほど離れた池から引水した水道管が各室に配されていた。食堂の暖炉の上には、穀物の種まきを教える女神ケレスの絵が飾られ、その絵の下に、"Moniti Meriora"（教育は進歩をもたらす）というラテン語が書かれてあった。農耕の発明によってもたらされた人類の生活の変革を暗示するケレスの絵は、ベーコンの幼い心に、かれが後に発明・発見による人類生活の改善を新しい創造であると讃美し、発見の発見とも言うべき知識の大改革を志す種子をまきつけたかも知れない。

ケンブリッジの学風の中で

一五七三年に兄アントニイとともに、父ニコラスも学んだケンブリッジのトリニティーカレッジに入学し、学長ジョン＝ホワイトギフトの教育指導を受けた。大学の諸学科に非凡の才を認められたが、ケンブリッジには一五七五年のクリスマスまで、この間に疫病のための閉校もありおよそ二年間在学し学位を受けるのに必要な年数には達しなかった。

ベーコンが大学生活で得たものは二つある。一つは、アリストテレスの論理学に対する反感で、アリストテレスの論理的方法は議論や論争に強くはするが、人生の福祉のための生産的仕事には無効であるとの考えを持ったことである。この考えが、かれの終生の確信で、学問改革の野心を抱かせた動機である。

もう一つは大学の学寮生活の経験であり、これについては、つぎのように言っている。「わたくしは、個人の家庭におけるものや、ただ教師のもとにある教育よりも、青少年のための寄宿舎学校を断然と好きだ。学寮には、青少年のあいだに大きな競争があり、また、謹直な人々の態度や顔付きは謙虚さをうながし、青少年に対して若いころから模範となる。手短に言って、学寮生活には多くの利点がある」と。

少年時代のベーコン

ケンブリッジにおいて、ベーコンがだれから何を学び影響されたかは、つまびらかでない。アリストテレスの哲学は、中世にはアリストテレス・スコラ哲学となり、数百年にわたってヨーロッパ哲学の最高権威であった。一五、六世紀のルネサンス期にはいると、多くの進歩的研究者が反対しはじめ、伝統的論理学・哲学に代わる新しい研究方法が必要とされてきた。その中には、自然研究者のほかに、ヒューマニストと呼ばれる新しい文学運動をすすめた人々もあった。ケンブリッジ出身で、一五三七年に母校でギリシア語を教えたロージャー＝アスカムも、これらヒューマニストの一人である。そのほか、ジョン＝チーク、トーマス＝ウィルソンなどもケンブリッジ出身のヒューマニストでイギリスのルネサンス運動を推進した人たちである。これらの人々は、他面において国粋主義的で、当時、学術語として用いられたラテン語でなく、英語で書くことを主張し実行したという。これらの

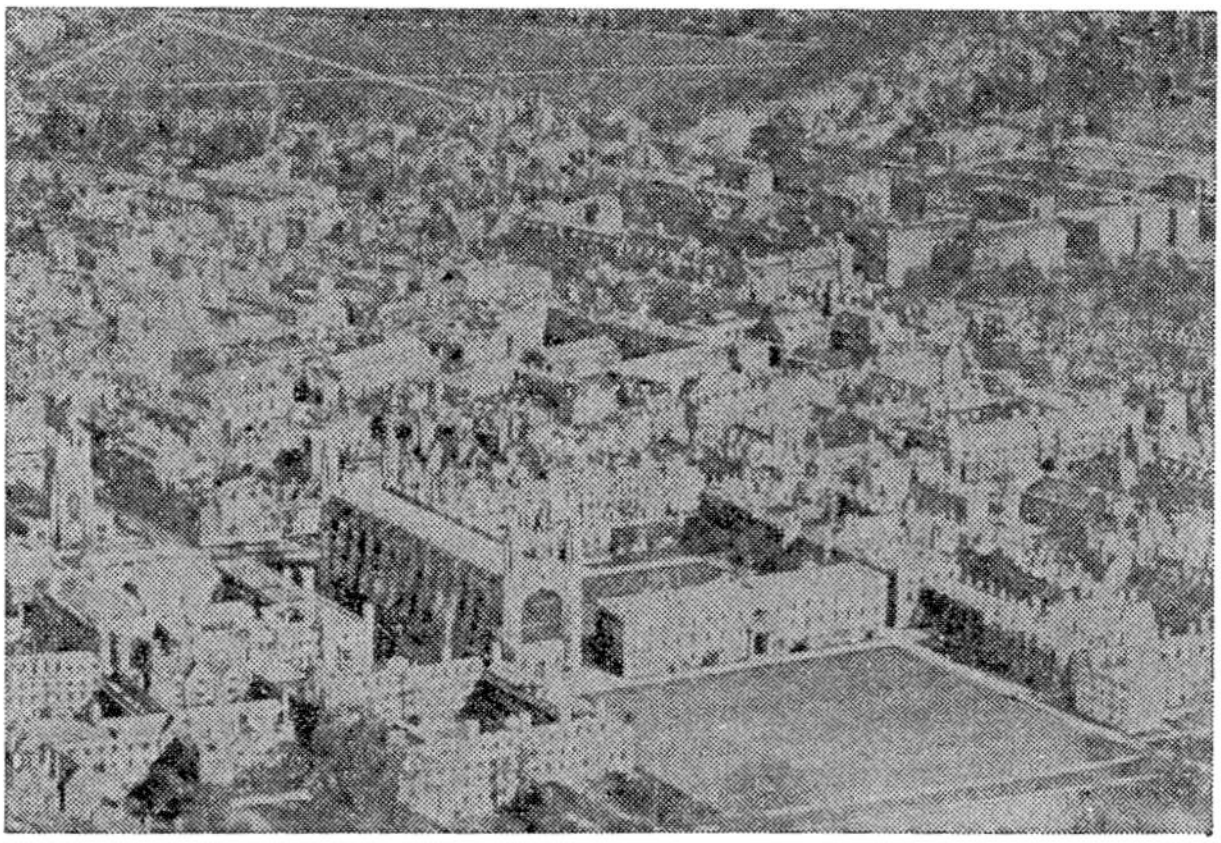

ケンブリッジ大学

人々とベーコンとの直接的な関係は不明であるが、ケンブリッジの学風の中に、少年ベーコンをアリストテレス嫌いにし、かれの国家主義を助長するような空気があったと思われる。

多くの反対者があっても、長く続いたアリストテレスの権威はかんたんには崩れなかった。一六世紀の後半には、一時、アリストテレス主義が大学において復興されたかに見えた。たとえば、オックスフォードのジョン＝ケイズはアリストテレス主義の論理学、倫理学などの教科書を書いている。一五六二年にケンブリッジのトリニティーカレッジの論理学の講師となったジョン＝サンダソンもアリストテレス主義者であった。

ベーコンがケンブリッジに入学するわずか前に、アリストテレス主義の絶対的信奉者エベラルド＝ディグビイがケンブリッジの論理学の教師となった。ディグビイは著書によって、当時、アリストテレスをもっとも烈しく非難したフランスのラムスを批判するとともに、ケンブリッジのラムス主義者ウィリアム＝テンプルを攻撃していた。

テンプルは、一五七三年、ベーコンの入学の年にケンブリッジの研究員となり、やがて論理学を教えることになった。彼は、最初ディグビイの弟子であったが、のちに、ラムスの解説者・擁護者となり、イギリスばかりでなく大陸にまで知れわたった。かれの活動によって、ケンブリッジ大学は、一七世紀初期にラムス主義の主導的大学として名声を得たのであった。その後、オックスフォードは一般に保守的傾向、ケンブリッジは自由主義的傾向とされるが、その基礎はすでにこの頃おかれたものである。テンプルは一五八〇年、ラムスを擁護しディグビイに挑戦する著作を出版した。

ベーコンがディグビイとテンプルとを知っていたこと、また、かれらのあいだの論争を知り、著書も知ったであろうことは疑いない。あるいは、ディグビイがベーコンのテューターとして論理学を教えたことも考えられる。アリストテレス哲学に対する反感は、ディグビイのアリストテレス主義論理学を通して感じたかも知れない。そうしてその反対者テンプルに聞き、テンプルのラムス主義を介してラムス、さらにはプラトンやそれ以前のギリシア哲学者への関心を刺激されたかも知れない。少なくとも、ディグビイとテンプルに代表される新・旧二つの論理学の論争は、ベーコンの注意を引き、かれの思想の発展方向に少なからず影響したにちがいない。

父の急逝

一五七六年六月、ベーコンは、ともにケンブリッジを去った兄アントニイとかつて父ニコラスも学んだロンドンのグレイズ＝イン法学院に入学した。法学院は、評議員・

幹部員・法廷弁護士・訴訟見習学生などから成る法律家養成の団体である。ケンブリッジから法学院に転じた理由を想像すると、ケンブリッジではベーコンが哲学的論争に興味を持ち、父ニコラスから見れば、政治家あるいは法官の道から外れる心配があり、早く法律の実務的学問をさせたほうがよいとの考えからであろう。

一五七六年の秋、グレイズ－イン法学院に席をおいたまま、以前、かれのフランス語の家庭教師であった駐フランス大使エイミアス＝ポーレットの一行の一員としてフランスに渡った。大使の信任を得て、女王へのメッセージを伝えるため一たん帰国し、大任をはたして賞揚された。フランスに帰任して、一五七九年までパリ・ブロア・トゥル・ポアテールなどに住んだ。当時フランスは一五七二年の聖バーソロミューの大虐殺の後、ユグノー戦争と宗教改革にともなった新旧両派の政争、動乱が続き、そのため宮廷もパリを離れて転々としていたのである。こうした政治的・国際的大事件のある時に滞仏したことは、ベーコンの見識の拡大に役立った。哲学思想上は、当時アリストテレスを痛烈に批判したラムス主義にいっそう注意を引く機会を得、モンテーニュの『随筆集』を読み、この種の著作を書きたいと刺激された。また、晩年の著作『自然史』には、滞仏中に経験したコダマや自然現象について書いてある。『学問の威厳と増大』には、滞仏中に政治、外交上の新しい暗号記述法を発明したと述べている。

一五七九年二月、父ニコラスは風邪を悪化させ急死したためベーコンは帰国した。一六二七年に出版された『資料の森』によると、ロンドンで父が急死する数日まえに、ゴランベリの父の家が黒い壁土でぬり込められた夢を見たという。父ニコラスは、フランシスの生計が立つだけの土地を購入するつもりであったが、死ぬまえに手続を終えることができなかった。父の先妻の子を合わせて五人の兄弟に遺産が分配されたが、ベーコンの分け前は全遺産の一五分の一で、兄たちより少なかった。そのため、ベーコンは窮乏生活を強いられた。一八歳で父を失い、わずかな遺産と大野心とを抱いて、自分の頭脳と弁論と筆力とをもって真向から世間に立向かっていったのである。

法律家として

フランスから帰国後、一五七九年にグレイズ゠イン法学院に復学し学生として正規の修学を再開した。ゴランベリの邸宅は母アンに遺産相続され、ベーコンは法学院内に居住した。遺産も少なく、まず生計の道を立てる必要から法律職を選んだのであった。法学院では普通法を研究し、これに関係した二、三の小論文を書いた。その論文は当時の法律の大家よりも量と詳細という点では劣ったが、法律の解釈の深さでは劣らなかったという。

一五八二年六月にベーコンは下級法廷弁護士となり、一五八六年には法学院の幹部員、一五八八年には講師となった。一五八六年にウェストミンスター裁判所、すなわち有名な星室庁で弁護する資格を与えられ、一五八九年には星室庁の書記の継承権を授けられた。これは、一部は従弟ロバート゠セシルの尽力によるものであり、またエリザベス女王の愛顧のしるしでもあった。この権利には年間一、六〇〇ポンドの復帰財産権と呼ばれるものがついていたが、その恩恵を受けるまで二〇年近く待たねばならなかった。ベーコンはこれを「見晴しよくするかも知れないが、納屋を満たすことはできない、屋敷つづきの他人の畑」と呼んだと言う。ベーコンはこれを抵当にして借財することはできたが、女王の薨去《こうきょ》から五年後の一六〇八年になって、初めて収入を得ることができた。

法律を研究し、法律職で生計の道を講じながらも、ベーコンの興味と情熱とは哲学の研究に向けられていた。現存してはいないが、かれの哲学の再興に関する最初のエッセイ『時代の最大の誕生』が一五八五年頃に書かれた。一五九二年に、グレイズ－イン法学院の学生たちの仮面劇の脚本『知識の賞讃』、一五九四年にも『グレイズ－イン法学院のゼスチュア』が書かれた。前者では、ギリシアや錬金術師の自然哲学の不毛を非難している。後者では、哲学の研究のために、図書の収集、動植物を育てる自然園、人工物から自然物にわたる標本室、科学的実験の施設を勧告し、後の著作『新アトランティス』のソロモン学院を思わせるものがある。かれのこの頃の心境は一五九二年頃、伯父バーレイ卿にあてた手紙によく示されている。手紙の末尾にこう述べている。「最後に、わたくしは適度の世俗的目標と遠大な思索上の目標とを持っていることを告白いたします。というのは、わたくしはあらゆる知識を自分の領分としました。そして、もしわたくしがその領分から二種類の海賊——第一のものは浅薄な論争と論駁と冗長とをもって、第二のものは盲目的実験と耳打ちの伝説と欺瞞《ぎまん》とをもって、多くの掠奪を犯したものです——を一掃できたらと期待しています。こういうことができたら、勤勉な観察、根拠ある結論、有益な発見など、その領分の最上のものをもたらすことができます」と。

空しい懇願

　ベーコンの家系と生活環境とは、きわめて自然に宮廷における立身出世を生活の目標とするようにベーコンを育てた。かれは政界の有力者を縁者に持ち、宮廷との縁も薄くなかった。大蔵卿ウィリアム＝セシルは伯父であり、従弟ロバート＝セシルもエリザベスの閣員であった。ベーコンはこれら有力な縁者を最大限に利用して地位を得ようとし、また目をかけられても当然であった。しかし両セシルともベーコンの申し入れの促進にはあまり熱心でなく、期待どおりには進まなかった。それは、ベーコンの態度が横柄《おうへい》に思われたこと、地位への願望があまりに強かったこと、その企画が突飛に見えたこと、学問の才と政治上の才とは異なると見たことなどのほかに、ベーコンの才能が自分たちの有力な競争者の地位にあると見たからであった。

　ベーコンは、ケンブリッジの経験から大学の人文学科と制度との変革の必要を感じ、伯父セシルに建言したことがあった。しかしセシルは、学問の改革と国の制度としての大学の改革とは、その起源、性質、対策とにおいて異なる別のものとして受け入れなかっ

伯父のウィリアム＝セシル

た。ことにベーコンが学問の研究において新しい発明と発見とに熱中していることは、宮廷の官職に推挙することをためらわす結果となった。

たびたびベーコンは、有力者を通して政府の要職を与えられるようにと懇願した。たとえば一五八五年にエリザベスの信任厚かったウォルシンガムに手紙を送り、以前から申し入れてあった法律職に対しての女王の裁可を問い合わせている。この時は、女王は申し入れの職は必要でないとの裁可であった。エリザベスはベーコンの幼少の頃から示した非凡の才を認め、それゆえ私的で自由な交際の光栄を与え、法律上あるいは時代の難問題に関して時おり助言を求めることはあった。しかし要職の地位を与えることはなく、エリザベス女王のもとではベーコンは不遇であった。

弧独の影

処女演説

一五八四年に、当時繁栄したドーセットシア沿岸のメルカムーリージス地区の下院議員の席を得た。一一月集会した国会は、エリザベス女王打倒の陰謀の露見で沸きかえった。この陰謀は、スコットランドの廃女王メアリを王位に迎え、イギリスをカトリックに復そうというもので、スペイン、ローマーカトリックの勢力と呼応するものであった。プロテスタント各派・下院はエリザベスを支持した。しかしエリザベスは保守的なジョン＝ホワイトギフトをカンタベリの大司教に任命し、女王の支持者で、教義のピューリタニズムの方向への修正を求める急進的説教者に反対してまでも、国教会の教義への統一を強化した。ベーコンの母アンは急進的ピューリタンのカートライトの信奉者で、この成り行きに深いショックを受けた。ベーコンは世俗の問題では穏健な改革者、宗教問題では新旧の両極端に対しても寛容な態度で、中道を選んだ。まえに述べたように、エリザベスに手紙を送り、強圧的なカトリック教徒抑圧政策をとらぬよう勧告している。対外的に一致するため、国内の摩擦・混乱を回避しようとはかったのである。

この国会におけるベーコンの処女演説には、二つの特徴があった。第一は、無遠慮な議論をさらけ出したこと、第二は自分の相続遺産にふれたことである。これは自分の貧窮と自分の父に対して女王がどれだけのことをしてやったかについて、女王の注意を引く意図からであった。かれの演説は卒直さをてらったとも受け取られ、また個人的な金銭問題にふれて後味の悪いものであった。

一五八六年、エリザベスの第六国会にはトォーントン選出の下院議員、無敵艦隊を破った一五八八年の国会にはリヴァプール選出の議員となった。この国会は、翌一五八九年二月まで集会しなかった。女王は、将来のスペインのフェリペ二世の侵入に備えるための上納金の承認を下院に求めた。ベーコンは、法案委員会の一員であった。二つの臨時の上納金を承認したが、法令にこの上納金は先例とはならない旨を書き加えた。このことによって、ベーコンは王権に対する下院の権限の勇気ある主張者として知られるに至った。

下院の代弁者として

一五九三年一月に国会が召集され、ベーコンはミドルセックス選出の議員であった。時に三二歳で下院における名声も上がりつつあった。兄のアントニイもウォーリングフォード選出の議員であったが、健康がすぐれずめったに登院しなかった。この頃ベーコンは、エセックス伯によって法務長官に推挙されていた。

この国会でエリザベス女王は、三つの臨時上納金の承認を求めた。この時、伯父バーレイ卿は首相、従弟ロバート＝セシルは女王の代弁者、国璽相はジョン＝プッカーリング、法務次官コークは下院議長であった。

プッカーリングは、スペイン艦隊の再建に備えて国費支出が必要であるが国庫は窮乏しており上納金の承認が必要である、と演説した。そしてこのさい、特に新しい法案は必要でない。すでに多くの法律があり、むしろ簡略化が必要で、長々しい議論にふけることなく下院は必要な実務に時を用いるべきであると結んだ。

ベーコンは上納金の提案を基本的には支持したが、かれの演説はこうであった。「わたくしは、過日、国璽相によって述べられた女王陛下の演説に大いに満足するものであります。すなわち、国璽相は王国の法律と旧態との省略がいかに適当であるか、と述べられました。……一般の国民が半分も実行できず、法律家も十分に理解しないものがまことに数多い」と。三二歳の若い弁護士が、法律家によって満たされた下院において、法律は国民の権利・福祉を保護するために作られ、法律家を養うために作られたものではないと宣言することは、大きな勇気を要するものであった。この演説は、普通法の大家をもって任ずるコークを激怒させずにはおかなかったであろう。ベーコンは法律の改革に熱心であった。かれのこの演説の精神は、のちに法律上の著作となって世に現れた。

下院の上納金の承認は難行した。小セシル、ロバートは下院で「上院と協議し、上院は下院の与うべき認可額を、三年にわたって年々一ポンドにつき四シリングの三つの上納金と決定した」と報告した。

多くの下院議員は、国王に対して国費の支出を議決する下院の特権の侵害であると反対し、上納金の額と下院の特権とをめぐって論議は紛糾した。ベーコンは上納金そのものには反対でなかったが、下院の特権侵害の危機を見て、下院の代弁者として戦った。女王、伯父セシル、プッカーリング、その他の宮廷派の人々に反対することは、ベーコンが公職上の栄進を依存した人々の憤激を買う結果になることが目に見えていた。しかしベーコンは良心に勇気づけられて、敢て演説をした。「わたくしは、上納金の承認に関して下院が上院に賛同することを好まない。下院の慣例と特権とは、つねに最初に上納金の提案を上院に対して行うことであった。われわれがその特権を主張するのは当然である。大多数者であるわれわれの上におかれた重荷を見れば、かれらに感謝する理由はない」と。下院議長コークは上院との協議の可否を票決に移し、結果は一二八対二一七の反対多数で、首相大セシルの威信は大いに後退した。ベーコンは、上納金の絶えざる増加に対する国民の不満を十分に自覚していた。上納金そのものには反対でなかったが、支払期間を六か年にするのでなければ、国民の全般的困窮が生ずるであろうと主張した。「ジェントルマンはその食器を、百姓は真鍮のつぼを売らなくてはならない。そしてやがて、上納金は支払われるであろう」と。

最終的に、女王は必要な臨時の上納金の承認を得ることはできた。しかしベーコンは、上院との協議なしに国費支出の決議をなし得るという下院のもっとも価値ある特権の擁護者として、名声高い勝利者となった。

エリザベスの不興

この国会のベーコンの言動は、エリザベス女王、大セシル、その他の有力者の憤激を買うことになった。プッカーリングはベーコンを大いに問責するように指示されたし、大セシルはベーコンに女王の不興を伝えた。この試練の期間、ベーコンは見事な男らしさと威厳とをもって行動した。かれの行動は、当時のかれの悲惨な経済状態を考えるとき、いっそう賞讃すべきである。当時、女王も下院の力を認め、下院の多数がベーコンを支持したことは幸いであった。しかし、一五七六年、八七年、九一年の国会において、ピーター＝ウェントワースが言論の自由を主張し、そのためにロンドン塔に送られた記憶もまだ古くはなかった。ベーコンにとって、女王の好意を保つことは必要欠くべからざることであった。それまでとても、女王の覚えはめでたいものではなかったが、異例の接見の自由は、女王が幼時からよく知っているベーコンへの特別の好意のしるしであった。しかしいま、最大の懲罰として、この自由が差し止められるに至った。ベーコンは意図せずして招いた女王の立腹に対し弁明はしなかった。「国会における最近のわたくしの演説が、神と女王と祖国とに対するわたくしの良心と義務との実行においてなされたにもかかわらず、それが不快をもたらしたものであったことを、卿の昨日の演説によって知り、遺憾にたえません。もしそれが誤伝されたものであるとしたら、わたくしは、わたくしの言わなかったことを発見するため、喜んで卿に随行したいと思います。もし誤解されたものであるならば、わたくしの意味しないことを除くために、わたくしのことばを喜んで説明したいと思います」と。女王の不興を買ったことを知ってベーコンは、現在の地位の不安よりも悲嘆のほうがいっそう激しかった。ベーコンは、自分の正当性を少しも疑わなかった。一方エリザベスはベーコンの陳謝を待ちかまえていたが、それは来そうもなかった。

エセックス伯との交友

ロバート＝エセックス伯は、ベーコンのもっとも熱心な擁護者で、女王とのあいだの仲介の労をとり、ベーコンが再び女王に謁見できるように絶えずエリザベスに懇願した。

エセックス伯の母レティスは、エリザベス女王の従姉であった。エセックス伯は、一五八五年と八六年にオランダ遠征において勇名をはせ、エリザベスの寵臣の一人であった。ベーコンとエセックスとは、一五九〇年あるいは九一年頃から親交があった。ベーコンはエセックスの何でも打ち明けることのできる個人的な相談相手であったし、エセックスはベーコンの地位昇進の希望に対する熱心な支持者であった。

一五九三年一月、法務長官の席が空き、有力候補者は法務次官のエドワード＝コークであったが、エセックスはベーコンを対立候補として推挙した。結局はコークが、一五九四年の春に至って法務長官となった。エセックスは、せめてものことコークの保有していた法務次官の席をベーコン

エセックス伯

に与えるよう懇願し、大セシルその他の支持者もあった。しかし、ベーコンとの接見を許さぬ女王の決心が固く、さらに女王に対する影響力において有利な地位に立ったコークの反対があって、法務次官への推挙も空しかった。
エセックスは、いつものことながら当時も債務に苦しんでいるベーコンに、テュイカナムのおよそ一、八〇〇ポンドの土地を贈った。願望の挫折のため絶望したベーコンは、不名誉に悲しみ、宮廷での奉仕の望みをいっさい捨てて学究生活に帰ろうとした。
ベーコンの母アンは、かれの兄アントニイにせつせつとした手紙を書いている。「わたくしは、あなたの弟が内面的な深刻な悩みによって健康を損ねることを心配しています。だれもが、かれがやせて青く見えると言っています。どうか神に頼り聖書にかんがみ、聖書に聞き聖書を読んで信仰の実行をなさるように、……。わたくしはむしろ、二人が神の祝福において健康を保ち、借財から解放されることを官職よりも願うのです」と。
ベーコンは、こう返書した。女王はベーコンに対する神の摂理を認識されて、「若い時にくびきにつながれることは有益である、とお考えになったのです」と。

『随筆集』の出版

一五九四年の夏、ベーコンの友人グレヴィルからの手紙は、「女王は貴下に対して非常に慈愛深くあられます」と伝えた。エリザベス女王の心が和らぎつつあることを聞き、ベーコンは慰められた。一五九六年の春、控訴院判事の席が空いたとき、ベーコンはその席に自分が推挙されるかどうかをエセックス伯に問うている。しかしベーコンは、法務長官や法務次官のときほどには運動しなかった。地位をたんなる形式の事柄と考えたからであった。官職への切なる希望を持つことがなかった間に女王とのあいだは改善され、一五九七年にこの支配者から特別顧問官に任命された。しかしこれは、特許状も保証もないものであった。ベーコンは、実際には、一五九三年からこの種の仕事を与えられていたが、この時正式に任命されたのである。ただし、形式は不備であった。ベーコンは、エリザベスの治世中その職にあった。そしてこの公職を得たことが、かれ自身のためにもっとも尽力したエセックス伯を反逆罪として告発する、という不幸を招いたのである。

女王の不興と官職就任の失敗のあいだ、ベーコンのエネルギーは著作に向かい、グレイズ－イン法学院で行った法律に関する講演を、一五九六年、『法律の訓言』にまとめた。『ナポレオン法典』は、ベーコンのこの提案から影響されたものと言われる。『法律の訓言』は後に、『学問の威厳と増大』の中の「普遍的正義または公正の源泉に関する論説」の金言となって現れた。同じ九六年、『善と悪との特色』を著作した。これは、説得と忠言との方法を述べたものである。そして、この頃から準備して一五九七年に、『随筆集』の第一版が著作された。兄のアントニイに献ぜられ、主として個人的利益の追求に関する内容で、一〇章から成っていた。一六二五年の三版は五八章に拡大されたが、かれの著作のうちで最も良く知られ広く読まれたものである。しかしベーコンにとっては、『法律の訓言』と同様に、主力を注いだものではなかった。

エセックスの慢心　ベーコンを控訴院判事に任命する運動の成否が不明のあいだに、エセックスは一五九六年六月スペイン南部のカディスを攻撃してスペイン艦隊を一日のうちに壊滅させた。この戦勝は僥倖《ぎょうこう》によるところが多かったが、二九歳の青年エセックスは自分の功績とおごって横暴が目立った。一五九八年にアイルランド総督の推挙に関係してエリザベス女王と衝突し、女王の激怒を招いてウインスティドに引き籠った。

その頃アイルランドのティローンが指導する反乱が猛威をふるい、エセックスが平定軍の総督に起用された。一五九九年三月かれは、一六、〇〇〇の兵と一、五〇〇の軍馬を率いてロンドンを出発した。遠征のまえにベーコンは、エセックスに対しアイルランド問題の困難さと攻略の方策について細い忠告を与えている。

翌四月ダブリンに着いたエセックスは、無暴な作戦のため二か月の後に（途中、二、〇〇〇の兵を補強されたが）四、〇〇〇の兵を残すのみとなった。女王は、「重要でない守備のために過大の軍を用いる」と非難した。ベーコンはたびたび女王に謁見を乞い、エセックスがかれのために長く仲介の労をとったと同様に仲裁の立場に立ち、女王の慈悲を懇願したが、事態は最悪の状態におもむいた。大遠征軍はティローンに裏をかかれて大打撃を受けたのちに、女王の予めの厳命に反して内密にティローンと交渉し、六週間の休戦を約束した。

一五九九年九月、エセックスは突然ロンドンに帰った。ただちに捕えられてヨーク－ハウスに送られ、国璽相の監視下におかれた。翌年三月、エセックス－ハウスに移送され、国事犯として取り扱われたが八月には監禁が少しくゆるめられた。ベーコン兄弟は、熱心にエセックス救出のため奔走した。

一六〇一年二月、エセックスは枢密院に出頭を命ぜられたが病気を口実に拒否し、友人を集めて助力を懇願した。モップ化したエセックスとその友人たちは、女王に訴願するため武器を持ってロンドンに向かった。訴願は失敗し、エセックスは友人サウザンプトンとともに捕えられロンドン塔に送られた。

エセックス裁判

一六〇一年二月一九日、エセックスは裁判にかけられた。法務長官コークは、エセックスの反乱計画を指摘した。エセックスは、女王の接見を得て慈悲を乞うつもりであったこと、女王の下僕として忠誠をつくしたことを述べて反論した。両者の口論が激して、事件の審理からそれようとした。

しばらく沈黙していたベーコンは、立ち上がって発言した。エセックスらの行動は国家の覆滅の目的であったこと、熟慮されたものであることを論じて、こう結んだ。「エセックス伯よ、あなた自身と戦い、すべての弁解を捨てよ。……すべてを告白し、弁解しないことがあなたの最上の道と思うものである」と。たしかに、この方法がエセックスにとって最上の慎重な行き方であった。

さらにつぎの機会にベーコンは論じた。「エセックス伯の意図は、かれ自身はただ哀願者として女王陛下のもとへ赴こうとしたのだと主張している。もしそうならば、かれらの懇願は武装した者によって代表されるべきであったろうか。これは必ずや国王の自由を失わせる結果を招くであろう」。

エセックス伯は有罪を宣告され、二月二五日に死刑に処せられた。

宣告から刑の執行までのあいだも、ベーコンは女王に接見を願った。そして、「至高の手から絶えず発散するすぐれた香油は、人民の感覚にすぐれたにおいを作る」、と比喩的にエセックスの助命を乞うたのであった。エセックスに対する同情も多かった。そのこともあってか、エセックスが不公正に取り扱われたかも知れぬという印象を除くため、女王はベーコンにエセックス事件の顚末《てんまつ》を書くことを命じている。一六〇一年の、「前伯爵ロバート＝エセックスとその仲間の計画し犯した奸策と反逆に関する宣言書」がこれである。

ベーコンが顧問官としてエセックスの裁判に参加したことは、かれのためにあれほど尽力したエセックスの友情を裏切り、友人を笞打《むち》つ破廉恥行為であると非難されている。裁判参加を棄権できなかったか、もしそれが女王の怒りを招くというなら、隠退して学究生活で余生を送るべきでなかったかと。

ベーコンの行動には、人情において遺憾とする点がないではない。ベーコンは、必然に無政府状態、混乱を生ずる、国家主権に対する暴力的侵害をもっとも憎んだ。エセックスに対する私的な友情と国法の要求という公的義務とを明確に区別して、後者を選んだのである。一六〇四年、デヴォンシア伯にあてたベーコンの弁明の一節は、こう述べている。「りっぱな心をもつ誠実な人ならだれでも、神を見捨てるくらいなら国王を、国王を見捨てるくらいなら友人を、しかも自分の友人を見捨てるくらいなら地上的な財貨を、いな場合によっては自分の生命を見捨てるであろうから」と。ベーコンは、最初から友人を見殺しにしたのではなく、兄アントニイとともに、エセックスと女王とのあいだの仲介の労をとり、懇願をくり返している。ただ、その効がなかったのである。もちろん、ベーコン自身が求めて裁判に参加したのではなかった。テューダー王朝の専制を考えれば、女王の命令には服従するほかはなかったであろう。あるいは、女王の側から、国家機密のもれることを恐れて監視役として参加させられたのかも知れない。このような職務においては、ベーコンはもっとも信頼すべき能力をもつことを、エリザベス女王は知っていたのである。

兄とエリザベスの死

一六〇一年五月、ベーコンは兄アントニイを失う悲しみにあった。アントニイの死については、ある紳士の書状にかんたんに書かれているほか、死去の日時、場所、埋葬地なども不明という。アントニイは、平常から健康がすぐれなかった。それがエセックス伯の救出のために奔走し、心身の過労がその死を早めたものと思われる。アントニイは才能においてはフランシスに劣っていたが、人がらにおいては愛すべき人であった。心情において一体の兄の死にあたってのフランシス＝ベーコンの心中の深刻な悲しみと、不動の平静さとは、エセックスの裁判におけるのと同様に、かれの性格の特徴である。ちなみに、母のアンは八〇歳以上になって一六一〇年の秋に亡くなったと、言われる。ベーコンはゴランベリの邸宅を兄の遺産として受けた。

一六〇一年一〇月、エリザベス女王の最後の国会が召集された。ベーコンは、イプシウィッチとセントーオールバンス選出の議員であった。この国会におけるベーコンの注目すべき活動は、独占の問題に関してであった。当時、種々の商品の専売権の特許が多くなり、全国にわたって深刻な不満があった。ベーコンは、特権は所有者自身によって適当に行使するほか干渉してはならない、という論拠で、専売権を認める女王の特権に干渉する独占禁止法案に反対した。しかしこれは、独占の国民経済上の不合理性に目をつぶって王権を擁護するものであった。エリザベス女王は、国民感情を察知する鋭い感覚を持っていた。下院議長クロークを呼び、改善することを約束したので、不満は一転して感謝の念に変わった。そのほかのベーコンの活動は、法律過剰論と、エンクロージャーを禁止する耕地法の撤回に対しての反対であった。

一六〇三年三月二四日、エリザベス女王は三週間ほど病床についたのちに、リッチモンドの宮殿において永眠し、輝しいエリザベス時代は終わった。ベーコンはその才能をエリザベスに機に応じて巧みに利用されていたが、報われることはきわめて少なかった。しかしベーコンは、女王に対する個人的な崇敬と忠誠心とをもって熱心に奉仕したのであった。あまり目をかけられなかったけれども、伯父セシルは一五九八年にすでに亡く、エセックス伯を失い、兄の死を送り、今かれの活動の拠りどころであった女王を失ったベーコンは、世界に漂う孤児の思いであった。

エリザベス女王の後継者には、メアリ＝ステュアートの子、スコットランドのジェームズ六世を迎えたが、彼はイングランドではジェームズ一世である。ベーコンには、この新国王に冷遇される恐れがあった。というのは、新国王は故エセックス伯の友人で、新国王に信任された宮廷人とともに、エセックスの裁判に参加したベーコンを落とし入れる可能性があったからである。

深刻な反省と著作

ベーコンは四二歳にもなって、何らの官職にも任命されず、新国王に対する期待も持てない状況で、深刻な反省期を迎えた。その頃のベーコンの心境は、一六〇三年七月に従弟ロバート＝セシルにあてた手紙の中でうかがうことができる。「何か野心をというならば、わたくしは貴下に、わたくしの野心は挫折させられたと確言いたします。……。今わたくしは、自分の野心を自分のペンの上にのみおいています。それによってわたくしは、次の時代の記憶と賞讃とを保有できるでしょう」と。ベーコンはこの時期に、かねてより抱いていた学問改革の考えを書きまとめる暇を得た。すなわち、一六〇三年に『自然の解明の序論』、『ワレリウスーテルミヌス』、『時代の雄々しい誕生』と、『学問の前進』の第一巻が書かれた。最初のものはベーコンが、自分の人生の計画と目標、ならびに性格と能力とについての自己評価を述べたものである。これによってこの頃のかれの反省を知ることができる。『ワレリウスーテルミヌス』の題名は、仮想した著者名である。一部欠けているが、二六章から成り、『大革新』のもっとも初期の形態を示している。第三の著作の題名は、発明と発見とによる新しい時代の誕生を意味している。この著作は、ベーコンの学問上の計画と、その当時支配的影響力を持っていた学者に対するかれの態度を述べたものである。プラトン・アリストテレス・パラケルシスなどが非難され、デモクリトスやピタゴラスが賞揚されている。

続いて一六〇四年に、『物体の性質に関する考察』と、『人間の知識に関する考察』と、いずれも未完成の著作がある。前者は一〇章から成っている。第二章で、古代の瞑想的科学および当時のその模倣者と、ベーコンがめざす生産的科学との差異をはっきりと述べている。一六〇五年には、イングランドとスコットランドの統合に関する国会の繁忙から一年近く自由になり、さきの第一巻と合わせて、『学問の前進』の二巻本が出版された。

しかしなお、ベーコンは政治的地位の上昇を望まぬではなかった。そのことは、かれの学問改革の計画にとっても必要なことであった。ジェームズ一世に対する影響力のあった従弟セシルに懇願して、約三〇〇名の者とともに、新国王の即位式の二日まえに、ナイトに叙せられ、一六〇四年には公式に学識顧問官に任命された。

またたく栄光

少女の魅力にとりつかれ　一六〇四年三月一九日、ジェームズ一世統治下の最初の国会が開かれた。ベーコンは前国会と同じ地区の議員であった。下院におけるかれの二〇年の経歴は、かれの名声を高め、下院議長候補者にあげられた。この国会の重大案件であったイングランドとスコットランドとの統合の委員会のほか、いくつかの委員会のメンバーに選出され、かれに対する評価の高かったことを証明した。

両国の統合は、反動的な地方ジェントルマンの猛烈な反対を受けた。一六〇七年二月、ベーコンは国会において、この問題に関して長い演説をした。その趣旨は、国家的見地に立って問題を考慮すべきである、というものであった。「もしイングランドがスコットランドを併合し、アイルランドを服させ、ネザーランドの海岸と手を握り、船舶を養うならば、力においてかつて世界にあった最大の王国の一つと言うことができるであろう」と。両国の統合は、その後一〇〇年の時間を要したが、このおりその基礎ができたことは、ベーコンの見識と努力とに負うものが多い。同様に、イギリスのその後の発展も、ベーコンに負うことが大きいと言わねばならない。

一六〇六年、ベーコンは夫人を迎えた。そのまえの一五九七年に、エセックス伯の熱心な仲介によって、バーレイ卿の長子トーマス＝セシルの娘で、ウィリアム＝ハットンの若くて富裕な未亡人に求婚したことがあった。これは不首尾に終わり、未亡人は一五九八年にベーコンの対抗者コークの後妻となった。

ベーコンが四五歳で迎えた夫人は、国会でのかれの友人ベネディクト＝バーナムの娘アリスであった。アリス＝バーナムは、その時に二〇歳以下であった。このような年齢差は、その当時は異例というものではなかった。一六〇三年七月ベーコンは、小セシルあての手紙でこう言っている。「わたくしは市参事会員の娘で、わたくしの好みに合った美しい娘を発見しました」と。その娘こそアリス＝バーナムで、その頃はあまりにも子供であったため、かれは三年間待ったのであろう。

さて、この二人の結婚式のもようは、こう伝えられている。「ベーコンは頭のてっぺんからつま先まで、紫づくめの衣装をまとい、また両人とも、金糸・銀糸を織込んだ美服を用意したために、花嫁の持参金を大方減らす結果となった」と。二人のあいだには、子供は恵まれなかった。ベーコンは、死去する前年の一六二五年に遺書を書いている。その中で、一たんは妻に与えた土地や家具を、遺書の末尾の追加書で取り消している。「わたくしがこの遺書のまえの方で妻に対して与え、承認し確証し指定したことは何事であれ、正当で重大な理由によって今はすべて取り消し無効とし、かの女の権利に属するものだけを任せる」と。遺書の途中でのベーコンの意志の変更は、この

ベーコン夫人
アリス＝バーナム

頃に妻に何か不行跡があったものと推定される。ベーコンの死亡当時、三〇台の若さで、夫の死後三週間して、家族の一員として生活していた侍従のアンダーヒルと再婚したという。また、かの女はその母に似て、おしゃべりな小暴君で、四度も夫を持ったとも伝えられる。アリス自身の欠点もさることながら、また当時の結婚は大きな年齢差も異例でなく、したがって再婚はふつうの事であったにせよ、あまり年齢的につり合わぬ結婚がもたらした問題であった。かれの『随筆集』は、結婚についてこう述べている。「妻子を持つ者は、運命に人質を入れた者である。妻子は善にまれ悪にまれ、大事業のじゃまものであるから。たしかに、もっとも善い、公共にとって最も有益な事業は、結婚しないか、または子供のない人々によってなされた。かれらは、愛情においても資産においても公共と結婚し、これを養う者である」。また、「妻は若い男の恋人であり、中年の伴侶、老人の介抱者である。それだから、男はいつでも好きな時に結婚する理由があると言える。しかしながら、男はいつ結婚したらよいかという質問に、若い人はまだだし、老人はだめだ、と答えた人が、賢人と評判された」と。ベーコンが壮年に至るまで結婚しなかったのは、一つには母に対する愛着が異性に対する感情を妨げたこと、また、官職に対する野心に燃え、その間隙には学問研究の計画に奔命し、しかも何ら安定した職を得ることができず、家庭を築く余裕がなかったからであろう。結婚年齢においてはベーコンは、賢人の教えに従った。しかし、選んだ妻は、中年の男子の伴侶としてはあまりにかけ離れた子供であったし、老年の介抱者ともならなかった。ベーコンは、妻の腕ではなく、甥の腕にいだかれて息を引き取った。ぬけ目のないベーコンも、一少女の魅力にとりつかれて、自分の結婚観に従うことができなかったようである。

新哲学と法務次官

ジェームズ一世の第一国会における努力が報いられて、一六〇七年に法務次官に任命された。この職は「王国におけるもっとも苦しい地位」との世評があり、精確を要し、仕事には際限のない劇職であった。公務は多忙であったが、長きにわたった公職に対する熱望が満たされた余裕と、つぎの国会までの休閑を、自分の学問上の計画と実際の成果とを照合することに費やした。かれの企てた学問の「大革新」の全体の機構と、その主要な部分となる自然の解明の真の方法とを示した『概略と議論』が一六〇七年に書かれた。『探求の規則』、『思索と結論』も同じ年のもので、両者とも後の『新機関』の第一巻の内容と符号している。一六〇八年の『諸哲学への駁論』も、その趣旨は『思索と結論』と同様であるが、ギリシア哲学を非難し、経験家をアリに、合理主義者をクモにたとえ、両者を融合した蜜蜂のやり方を断然として純粋な方法としてすすめている。

『運動の法則』、『熱気と寒冷の法則の研究』、『音響と聴取の森』も、この頃の著作である。いずれも、ベーコンの考える自然解明の方法の適用の実例を示そうとした小著作である。『知性の階段』、『先駆者』は、それぞれ『大革新』の第四、五部に当たるものの序論を意図したものである。一六〇九年に、ラテン語で書いた『古代人の知恵』が出版された。自分の学問の精神が古代に存在したという信念から、ギリシア初期の三一の寓話を取り上げ、その政治的、道徳的、科学的解釈を試みたものである。ベーコンの存命中にさらに二度も出版され、英語、イタリア語にも翻訳されて広く読まれたものである。

一六一〇年一月召集された国会では、ベーコンは下院における政府の代弁者であった。また、苦情委員会の委員となり、苦情の請願を国王に伝える使者であった。国会の論議は財政問題に集中した。エリザベス女王は、およそ四〇万ポンドの借財を残し、王室領の土地売却によってしのいだが、下院に上納金を求めざるを得なかった。上納金は、それまで主として地租によっていた。しかし、新しい富は商工業者に移っていた。ジェームズ一世は、税率をあげることと、商品への新課税によって国庫収入を増加しようとした。そこで国王の大権と下院の特権との衝突が起こったのであった。一六〇四年の国会は最初のことでもあったし、一六〇五年にはカトリック教徒による火薬陰謀事件があったことなどで、国王に対する同情から事なきを得た。しかしもともと、王権神授説を信奉するジェームズは、エリザベス女王のような民意を察知して協調する能力を欠いていた。一六〇九年の国会では、「国王は地上の神であり、神より他の何ものにも責任を負うものでない」と演説し、国会無視の傾向を早くも暴露していた。また、頑固な国教主義者としてピューリタンを圧迫し、国会の中心勢力たるかれらを敵にまわすなど、国会を紛糾に導く原因を自分自身の中に持っていた。

下院は、ベーコンを請願の特使とした。ベーコンは国王に対して、こう忠告した。「苦情の声は悲しげでありますが、王は耳ざわりと思ってはなりませぬ。それはハトの嘆きであり、愛すべく忠誠な人民に属する、忍耐強く謙遜な心を持つハトの嘆きであります」と。国王と下院との衝突をさけようとするベーコンの努力も空しく、ジェームズは怒りにまかせ、一六一一年に国会を解散してしまった。

法務長官と下院議員

一六一二年、ベーコンは特許権裁判所の判事に任命された。同じ年に国務長官、大蔵卿ロバート＝セシルが死去した。小セシルは必ずしも情の細い従弟ではなく、競争者としてベーコンの昇進をはばむこともあった。しかし今、かれを失って見れば、虎視たんたんの政敵の中に全く孤立する不安を感ぜざるを得なかった。小セシルの占めていた地位には、その力量・才能・経験において、宮廷の第一人者として国王と国会との対立を調停するにふさわしい者として、適役はベーコンの他に求めてもいなかった。実際、後継者のうわさの一人にベーコンの名があり、ベーコンも国王に自薦した。ベーコンは、自分の学問上の改革を推進する点からも、この地位を得ることは大きな便宜があり、絶好の機会が訪れたと考えた。しかし分別のないジェームズ一世は、自ら国務長官の職に当たるとして、ベーコンの申し入れをしりぞけた。ベーコン全集の編集者スペディングは、こう評している。「もし国王がベーコンの申し入れを受容する勇気があって、ベーコンを首相にして固く職にとどめ、かれをエリザベス女王の初期における大セシルのようにしたならば、その後の英国史は、異なった歩みをなし得たであろう。しかしそれには、エリザベス女王の精神が必要であった」と。

一六一三年の春、王座裁判所長官フレミングが死去した。この席は英国裁判所長官とも呼ばれて、当時エドワード＝コークが占めていた民事訴訟裁判所長官より上席であった。ベーコンは、フレミングの後継者にはコークを推挙した。普通法を武器に法の支配を主張して王権神授説のジェームズに対立するコークを、国王に接近させることによって、二人のあいだの衝突を緩和しようとしたのであった。コークの現職は収入が多かったので、コークは必ずしも転職を望まなかったが、王座裁判所長官になった。コークの後を法務長官フバードが継ぎ、空席となった法務長官の席を、一六一三年の秋にベーコンが得た。ベーコンのコーク推挙には、このような

従弟ロバート＝セシル

結果の計算も含まれていたかも知れない。

一六一四年、国会が召集された。国会は、一六一一年に解散されてから召集されなかった。ベーコンは国会と国王との溝の深まることを憂え、つぎのように進言し国王を動かしたのであった。すなわち、「王が愛と尊敬とをもって国会と協調するならば、王の安全と奉仕とにとって、はかるべからざる価値がある」と。しかしながら、「愛の国会」たることを望んだこの国会は、一つの法案にさえも国王が同意せず、「混乱国会」の名を残して終わったのであった。この国会にはベーコンは、セント‐オールバンスとイプシウィッチのほか、母校のケンブリッジの選挙区から選出されたが、法務長官が下院議員として適格かどうかが問題となった。前例は、ベーコンの前任者フバードが、法務長官に就任するまえに下院議員に選出されていたことを除いてはなかった。論議ののち、今後は認められぬこととして、例外的にベーコンの兼職が認められた。今やベーコンは、国王側の政治家と評価されるに至ったけれども、ベーコンを下院議員としてとどめさせたのは、下院におけるベーコンの人望と名声のゆえであったろう。

この国会では、アンダーテーカー（請負人）と呼ばれた人たちが、議員の選出まえに国王とのあいだに、当選と国王に有利に法案を通過させることとを取り引きの材料にしたといううわさがあった。このアンダーテーカーと課税とが激しい攻撃のまととなった。ベーコンは、「アンダーテーカーの疑いとうわさは、だれに当たるかもはっきりしない」となだめ、税の必要については、大陸の情況を述べたのち、つぎのように演説した。「今イングランドは戦争に行く人ではないが、少なくとも夜の旅人であり、他国と同じように軍備が必要である」と。国王と国会とのあいだの調停は空しく、国会は六月に解散させられた。

上納金が承認されなかったので国王は、国庫の窮乏を救うために、都市や個人に対して、自由意志によって金銭を貸すように勧誘したが効果はうすかった。これは徳税 benevolence と呼ばれる強制献金で、ジェントルマンにも商人にも、いたるところで評判が悪かった。

法務長官としての審問

ベーコンの法務長官としての最初の仕事は、当時、流行悪となっていた血闘の抑圧であった。かれは感情的に血闘を憎み、ペンは剣にまさるという見地から、自ら二人の血闘者を訴追したほどであった。

徳税という強制献金に対して、ダラム、ウェストマランド、スタッフォードシア、シュロップシア、ヘリファドシアなどに、特に激しい反対が起こった。マールボロウのジェントルマン、オリーヴァー＝セント＝ジョンは、徳税の勧誘を拒否し、他人にも拒否をすすめた。さらに、徳税を人民に求めるのは、大憲章および国王の即位宣誓違反であると抗議した。セント＝ジョンは捕えられ一六一五年四月、王座裁判所長官コークによって審理された。法務長官ベーコンの論告は公正で穏当であった。セント＝ジョンは国王侮辱罪に問われ、国王の欲する期間の監禁と罰金五、〇〇〇ポンドを宣告された。かれは、その行き過ぎの非を謝罪したので監禁は解除された。コークは、最初国王は徳税を強制できないと有罪に反対したが、後に意見の変更を強いられたのであった。

一六一五年一月、徳税に対する反対の強いサマシットシアのピューリタンの牧師エドモンド＝ピーチャムが高位聖職者を非難攻撃したため、国教教務委員会が取り調べた。(のちに、教会から追放されたが) 証拠調べのためピーチャムの家宅を捜索したところ、説教するつもりで書かれた、政府と国王および国王の家族に対する攻撃と謀反・暗殺の意図を含んだ文書が発見された。国務相ウインウッド、控訴院判事カエザーが上役であった、八人の委員会が審問にあたった。ベーコンも法務長官として委員の一員であったが、大きな役割を演じなかった。この審問には、背後関係をさぐるため拷問を用いたと言われる。この種の事件の審問に拷問を用いるのは、当時はふつうのことであった。しかし、特別にベーコンが拷問を強行したという証拠も、また、これに反対したという証拠もない。この事件のために、特別にベーコンが血なまぐさいことを好んだと非難する根拠はない。

ピーチャムは、反逆罪として死刑を宣告された。しかし、後に罪を告白して生命は助かったとも言われるし、刑の前に獄死したとも伝えられる。

法務長官としてのベーコンが関係した大事件の一つに、ジェームズ一世の最初の寵臣、サマシット伯ロバート＝カーの審問がある。かれはスコットランド出身で、故エセックス伯の息子のエセックス伯と離婚したフランセス＝ホワードと結婚した。サマシット伯の友人トーマス＝オーヴァーブりは、この結婚に反対であった。彼はのちに、外交官として海外へ出ることを拒否したため、ロンドン塔に閉じ込められ、塔内で死んだ。塔の下級監守人の口から、サマシット夫人フランセスが塔に出入りする者を使ってオーヴァーブリを毒殺した、という疑惑が生じ、サマシット伯も関係していると見られた。事件の捜索中にサマシット伯の文書の中から、スペインとのあいだの外交上の機密で国王の名誉にかかわるものが発見された。この事件は、初め王座裁判所長官コークが取り調べ、後に法務長官ベーコンも加わった。ベーコンはサマシット伯を審問し、外交の問題と殺人事件とは別のものとして分離した。証拠はサマシット伯に不利であったが、決定的でなかった。査問委員会は、国王の慈悲による助命を暗示して自白に導こうとしたが、サマシット伯は冷静に審問に反論し無実を主張した。一六一六年五月、サマシット夫妻は全員一致で有罪を宣告されたが、五年の監禁ののちに、一六二二年に釈放された。

コークの失脚　ベーコンとコークとの対立の重要な一つは、裁判と裁判官とについての考え方の相異であった。ベーコンは、すべてのことを人民のために行う理想的な国王による独裁的な君主政治を、むしろよいと考えた。それゆえ、国王の大権を維持することが必要であった。さまざまの法的紛争にさいして、裁判官は国王と下院とのあいだを仲裁する、たんなる審判官でなく、国王に奉仕する擁護者でなければならなかった。『随筆集』の司法権についての論説でこ

エドワード＝コーク

う述べている。「裁判官は、王座の下のライオンであれ」と。コークも、エリザベスやジェームズ一世の法務長官として仕えたときは、国王の強引な手先であった。民事訴訟裁判所の裁判官になって以来は、判例の集積である普通法を拠りどころとして、裁判官は国王と人民とのあいだの調停者である、という態度をとった。セント＝ジョンの裁判において、国王は徳税を強制できないと有罪に反対したのも、その一例である。また、ピーチャム事件では、ピーチャムを名誉毀損《きそん》の罪で訴追するか、大逆罪とすべきかについて、ジェームズ一世が、まえもってコークのほか三人の裁判官に各個に諮問をした。このような法律の技術的問題について意見を求めることは、不法ではなかった。しかしコークは、最初、裁判官に各個に聞くことは慣例にない、と反対した。後になって、中傷や誹謗のことばは大逆罪ではない、と意見を述べたが、ピーチャムについては大逆罪として訴追することに賛成した。サマシット伯事件のさいも、初めコークが捜査したが、国王に報告することをせず、公的に訴追するまえに国王に報告することは憲法に反する、と主張した。ベーコンとコークの対立は、ひいてはジェームズ一世とコークの対立で、コークは一六一六年六月、王座裁判所長官を免ぜられ、枢密顧問官を一時差し止められた。国王とコークを融和させようとのベーコンの配慮は失敗したわけである。

大栄進と著作

一六一四年の後半、ジェームズ一世の寵愛は、サマシットからレスタシアのナイトの若い息子、ジョージ＝ヴィリエースに移っていった。ヴィリエースは、一六一七年にバッキンガム伯爵、一八年に侯爵、二三年に公爵に叙せられ、宮廷で権勢をふるった。国王に接見するためには、公私ともバッキンガムを通すことになり、自分も指導者・外交家・政治家を任じていた。ベーコンは、バッキンガムとの親交を求めた。楽天的で、他人にあまりに多くを期待しすぎるのがベーコンの弱点であった。バッキンガムとの親交によって、めざましい官職の昇進も得られたが、また、身の破滅も招くことになった。

バッキンガム公

一六一六年六月、ベーコンは枢密顧問官に任命された。翌一七年三月、エルズメアが国璽相を辞任し、国王・バッキンガムに懇願の結果、ベーコンはかつて父ニコラスも任命された国璽相に任命された。五月七日、ベーコンの馬車行列は、法廷を開くために、グレイズ－イン法学院を出発して、意気揚揚とウェストミンスター宮殿へと向かった。これを見送ったグレイズ－イン法学院の同僚のひとりロックは、「かれは、再びここに帰ってきて、一緒に住むことになるだろう」、と予言めいた言葉をつぶやいたという。

一六一八年七月、ベーコンは大法官に任ぜられ、ヴェルラムの男爵の創設を許された。ベーコン、時に五七歳であった。そして一六二一年には、セントーオールバンスの子爵を創設することとなった。ジェームズ一世に仕えてからのベーコンの昇進は、まことにめざましいものがあった。しかし、晴天の霹靂《へきれき》が、まさに落下せんとしていることは、神ならぬ身の知る由もなかった。

一六〇九年から二〇年にかけては、ベーコンの最も公務に追われた時期であった。しかし暇を惜しんで、『大革新』の計画の再検討と完成とを急いだ。一六一二年に、『知識の地球儀の区分』が書かれた。同じ年の『天体の理論』は、これに続いて一体をなすものである。これらは、ガリレイの天文学上の発見に刺激されたもので、この時期には天文学に関する著作が多い。『潮の干満について』も、この頃の著作と推定されている。『自然解明についての一二章』と、『金言と勧告』とは、一六〇八年から二〇年頃のあいだのものとされているが、いずれも『新機関』の草案である。一六二〇年、『新機関』を含むところの『大革新』が、『自然史と実験史とに対する安息日の前日』とともに現れた。

巨星墜つ

新国会召集　一六二一年一月二二日、ベーコンは誕生の家ヨーク＝ハウスにおいて、多くの友人、賓客の祝福の中で、英国大法官ヴェルラムの男爵として輝かしい六〇歳の誕生日を迎えた。その五日後には、セント＝オールバンスの子爵に叙せられた。最後の栄誉の三日後、一月三〇日には国会が召集されることになっており、開会の準備に忙しかった。国会は一六一四年六月に解散してから、七年近く召集されていなかった。ジェームズ一世は国会を嫌い、ことに下院の上納金に対する苦情と国王の大権に対する根強い疑問の態度とに対して、憎悪感さえ抱いていた。

エリザベス女王によって屈服させられていたスペインが勢力を盛り返し、同じカトリック国フランス・オーストリアと手を握り、一六二〇年九月ライン河畔のパラティネイトを侵略した。パラティネイトの選挙侯フレデリックにジェームズ一世の王女が嫁していたので、ジェームズは援軍を送ることを宣言し、戦費を得るため国会召集を決心したのであった。ジェームズの決意は強いものではなく、イギリス製の銃をスペインに売ることを考えていた程度であった。かねてより国王に国会と融和するよう繰り返し助言していたベーコンは、この好機にあたって、かれの地位と影響力とによって国会召集を国王に踏みきらせた。そして、国王の国会における宣言や国会の構成などについて国王に助言し、準備に怠りがなかった。ベーコン、コーク、その他三人の顧問官が、下院で論議が予想される問題について予《あらかじ》め検討した。その問題の一つに専売特許権があり、この問題に対して取るべき行動についてもバッキンガム侯を通して国王に助言した。下院とのあいだに障害があっても、かつてのように処理できるものとベーコンは確信していた。一月三〇日

ジェイムズ一世

に国会は集会したが、この国会で召集をもっとも熱心にすすめた人を、数週間のうちに破滅の渦に巻き込む予兆は全く感じられなかった。下院は、第一に寵臣バッキンガム、第二にかれに責任のある専売特許権、第三にジェームズのスペインに対する消極的外交政策に対して不満を抱いていた。国王は、軍事力行使のため戦費の援助を求め、下院は軍事費の評定にはいった。そのあいだに、下院の苦情委員会は専売特許権に目を向けた。

専売権問題

専売権は、新工業奨励策として設けられたものであったが、特許料は王室財政の収入ともなるため、乱発の傾向にあった。専売権を手に入れた王室側近の貴族や少数者が乱用すると、物価をつりあげ、産業活動を沈滞させるので、民衆の苦情の種子となるものであ

った。エリザベス女王は民衆の不満を察して特許を抑制したから、ジェームズ一世の初期には専売権は一〇以下であったが、この頃は多数になっていた。一六〇一年の国会でベーコンは、発明の促進、供給過剰の抑制、産業の改善の刺激、発明の労苦に報いるなどの理由をあげ、専売権を擁護する演説をしている。ベーコンが専売権の特許を所管する国璽相になってからも、多くの専売権が認められ、その中には最も評判の悪い種類のものがあった。ビールの一種のエイル酒屋と宿屋独占がそれで、宿屋業の特許はバッキンガムの義弟モッペッソンに与えられていた。

一六一一年に設定された金銀糸製造の専売特許権は、その合法性をめぐって長く争われ、もっとも紛糾したものであった。この特許権は一六一六年、バッキンガムの弟エドワード＝ヴィリエースも仲間に加わって、新たに認められた。長く細工をしていた職人は、イギリスでは新しい工業ではない、と合法性を争った。一六一八年と一九年にベーコンによって、金銀糸製造の専売特許の合法性が宣告された。モッペッソンとミッチェルとを手先にして特許権を操作し、許可されぬ職人の店は閉ざされ、糸を売った商人は逮捕された。ベーコンは、この特許権の合法性を確信していたが、「独占はあらゆる取引の中の害悪で、見せかけの公共善のもとでは許されない」と自分のノートに書き留めた。金・銀は富の純粋形態でたんなる商品でなく、その使用は国の監督を必要とする、というのがベーコンの金銀糸製造の専売権の合法性の理由であった。しかし、現実の強い不満に直面しては、国会開会を控えて、一六二〇年一一月、バッキンガム兄弟に不満の多い特許権の放棄を勧告したのであった。けれどもバッキンガム兄弟は、個人の名誉にかかわるとして聞き容れなかった。

下院の専売権糾弾の先頭はコークであった。糾弾は、専売権の行使から専売権の裁定者に向けられ、一六二一年三月、下院は調査の要求を上院に送った。これは、国王の大権に対する制限を意味した。ベーコンは、ここに至って事のなり行きの重大さを知り、「陛下の大法官を攻撃しようとする者は、王冠を攻撃するものです。十分に恐れるべきである」、とジェームズに救いを求めた。

大法官の告発

三月一四日、大法官ベーコンの訴訟依頼人であったオーブリという男から、下院の大法官裁判所誤用調査委員会に、つぎのような申し出がなされた。すなわち、かれの訴訟の進行中に、有利な判決を得るため大法官に金銭を贈り、大法官も受け取った、というのである。すぐ続いてエガートンという者からも、同じような陳情がなされた。この時ベーコンは上院の席にあって、まだ、この告発の重大な成り行きを自覚していない様子であった。バッキンガムに、つぎのような手紙を書いている。「わたくしは、自分が潔白な手と心とを持っていることを知っています。また、友人や召使いのために、わたくしの家が潔白なものであることを望んでいます」と。そして、「告発は遊戯です。……。なんとかして、国王と閣下とがこれらの苦痛に結着をおつけ下さるよう望みます」と。三月一九日、下院は苦情と問責とを上院に伝え、協議を申し入れた。ベーコンは閣僚で上院議員であったからである。その間に、ホワートン夫人から第三の苦情が申し出され、苦情は続発した。この頃ベーコンは病気で床につき、上院に登院できなかった。バッキンガムに託して上院に手紙を送った。そして、病気のため登院できないことをわび、下院からの問責に対して、法廷の手続にしたがって弁明の機会が与えられることを願い、また、年に二、〇〇〇もの判決を下す裁判官に対する苦情が増えても仰天しないように、と述べた。この手紙は、翌日、上院で二回読み上げられた。三月二二日、下院から、大法官に対する三つの新しい苦情の報告が上院に移送され、上院の調査委員会に付託された。ベーコンは、上院で審問されるであろうと聞いて喜んだ。嵐を静めることができると信じたからである。三月二五日、ジェームズあての手紙で、こう述べている。「自分をふりかえって見ても、いま自分におそいかかっている嵐の源泉を見出しません。わたくしは、国民の貪欲な圧迫者ではなかった。……。父から、他人を憎む性質を受け継いでいないし、よい愛国者として生まれました。……。わたくしが問責された賄賂《わいろ》や贈物については、報酬を受けて公正を妨げるような腐敗した心の源を持っていません」と。三月二五日、ジェームズは下院に対し、最も悪評であった宿屋業とエイル酒屋と金銀糸製造業と、三つの専売の特許権の取り消しを約束して、裁定者を救おうとしたが、時すでに遅かった。バッキンガムは、国会の解散によって身の安全を保とうとして、国王に懇願したが、それは不可能であった。バッキンガムの言いなりになったことが大失敗の根源であったし、国会の解散は、攻撃がステュアート朝に直接に向かう機会を作ることになるからである。三月二七日、国会は停会となったが両院の委員会は継続し、四月一七日に再開されることになった。

有罪告白

ベーコンの病状は思わしくなく、四月一〇日に遺書を書いている。「わが魂は主の聖餐式によって天なる神のもとに、わが身は人知れず葬むられても、わが名は次の時代と外国の人々に残される」と。ゴランベリでの休養で健康もよくなり、自分にふりかかった事件を再検討し、裁判官のあり方についてのノートを作った。ベーコンはその頃まで、自分に対する問責の内容を十分には知っていなかった。自分の潔白を信じて、告発に対する弁明を決心していた。そして、国会再開の前日、非公式にベーコンと国王との会見が行われた。この会見によってベーコンは、問責に対する弁明を断念し、罪に服することを決心した。ジェームズは、公式の裁判が開かれた場合、王室内部の腐敗が暴露される危険に直面することを恐れ、ベーコンに罪に服することを懇願し、命じたのである。自分を擁護してくれるものと信じていた国王から、罪に服することを命ぜられて会見は終わった。「わたくしは、最初の犠牲です。わたくしが最後であることを望みます」、と告別のことばを告げた。

四月一九日、大法官の収賄——三月一七日から、公然とこのことばが用いられていた——に関する調査結果が読み合わされ、ベーコンは、非公式に、その写しを手に入れた。それを見て、二八項目に及ぶ告発のあまりの多さと、国会の考え方も明白にできていることを知り、合法的には弁護できないと判断した。上院の調査委員会には、被告人の弁護に関する規定はなかった。また、受理した証拠の検討はされないこと、ただ大法官に与えられた賄賂のみを調査することになっていた。これは、不公正な、大法官を陥れる目的のためとしか考えられぬものである。ともあれ、弁明のためにはベーコン自身が反証を挙げなければならなかった。かれが上院にあてた手紙に、「年に二、〇〇〇の判決と命令書とを書く裁判官」と述べている。多くの補助者があったとしても、処理した莫大な事件の中から、記憶をたどり、事情を説明し反証することは、ほとんど不可能なことであった。それゆえ、弁護を放棄し、助命を乞うことによって不名誉を免れようとした。

四月二一日、国王へ、翌日、上院へ、最後の訴えと懇願との手紙を書いた。「それゆえ、かくしだてなく、わたくしは以下のことを卒直に告白し認めます。すなわち、公式に国会をまたないでも、自分の良心と記憶とに照らして、問責の詳細を理解し、その材料だけで、わたくしをして弁明を断念させ、上院の諸卿がわたくしを非難し問責するのに十分であることを」と。そして「上院諸卿は、これは個人の罪であるとともに、時代の罪であることをお忘れなきように」と書き加えた。上院はこれに満足せず、問責に対する肯否の応答を求め、この好機会に偉大なる敵を葬り去ろうとした。

四月二四日、上院から告発と証拠との写しが公式に届けられた。四月三〇日、ベーコンが大法官として最後の公的署名をした告白書が上院に届いた。二八項目にわたる問責に対して不正と怠慢とがあったこと、一一、六三〇ポンドに当たる収賄を認めた。そして、「自分の良心に沈潜し、できるかぎりの説明のため記憶を呼び起こし、わたくしは明白かつ卒直に収賄の罪を犯したことを告白します。そして、すべての弁護を捨てて上院の仁慈と慈悲とにお委せいたします」、と述べた。
上院は論議ののち、五月三日に判決を下した。㈠四〇、〇〇〇ポンドの罰金、㈡、国王の許可あるまでロンドン塔への監禁、㈢、国家の公職、地位、職務への就任禁止、㈣、国会に席を持つこと及び宮廷の域内への立ち入りの禁止、以上がその内容であった。
すべてがベーコンに酷なわけではなかった。バンゴールの僧正は、監禁を免れさせようと努力したし、皇太子チャールズもベーコンの名誉のため判決を緩和させようと努力した。ベーコンの病気と、かれに対する同情とから、ロンドン塔送りは五月末まで延期された。そして、監禁は数日で、六月四日、国王の命令によって解除された。

「時代の罪でもある」

ベーコンが、国会が再開される前に、ジェームズと会見し伝えようと書きとめたノートには、つぎのように書いてある。「裁判官が収賄であると問責あるいは推測されるものには、三つの区別あるいは場合がある。第一は、事件の訴訟中に、公正を曲げるための報償の協定、契約あるいは約束。第二は、裁判官が当事者の申し立てによって訴訟が終わったと考え、当然になすべき、その点の検討を怠る場合。第三は、訴訟が実際に終わったとき、偽りなしに前もっての何らの約束なしに受け取る場合」と。そして、こう反省している。「第一については、良心にかけて、わたくしは無罪である。第二については、ある事件では欠点があったかも知れない。最後については、それは罪ではないと思うが、よく教えて欲しい」と。ベーコンが贈物によって法を曲げなかったことは確かである。収賄の告発はあっても、ベーコンの判決に対して不法の問責はなく、また、判決がくつがえされもしなかった。しかし、かれの使用人を通して慣例的に報償を受け取る前に、訴訟が終わっていたかどうかの確認を怠ったことは幾度かあった。贈賄の意志のある人でも、その意志を表明して贈ることはないから、この点を怠ったが為に贈賄の金品を受け取る結果となった。この落度は、莫大な判決を負わされた過労から生じた軽率、不注意が原因であろう。

ベーコンは、『随筆集』の「運命について」の論説にこう言っている。人の運命は、「大部分そのひと自身に然るべき原因がある」と。ベーコン自身にも深刻な欠陥があった。かれは華美を好み、多くの使用人をかかえ、その出費のため借財に追われており、金銭・贈物の収受にルーズであった。また、使用人を十分に監督せず、他人を――恐らく自分をも――大目に見、単純に信用し、かれらのきげんに合わせすぎ、あるいは他人によりかかり、依頼する傾向があった。裁判に関して意味あり気な贈物の収受は、明白にベーコンの落度である。しかしこれは、ベーコンの当時のすべての公職者がおかした危険であった。当時は、大法官は国家から俸給を受ける公の奉仕者ではなかった。王室の顧問官として、名ばかりの額が支払われていたにすぎない。国家から支給される王室費もなく、国王・僧正・裁判官、その他すべての公職者は宮廷の公職者であり、手数料を収入としていた。それが多くの乱用を招く危険な慣習であった。ジェームズ一世が、ある時、ベネチアの大使を接見したとき、「わたくしがあなたの国にならって収賄を禁止したら、わたくしの下には一人の臣下も残らないでしょう」、と言ったという。裁判官の給与の正常な道は、訴訟終結のときに当事者が裁判官に支払う手数料であった。ただ、訴訟中の手数料は、賄賂と考えられていた。不注意とはいえ、その罪のあったことはベーコンも認めた。しかし、それがために法を曲げたことはなかった。それゆえ、ロンドン塔からバッキンガムにあてた手紙の終わりに、こう書いている。「父ニコラス＝ベーコン以来、五人の大法官の交代があったが、わたくしは、そのうちでもっとも公正な裁判官であった」と。ベーコンの犯した罪は、かれが言ったように、「それは個人の罪であるとともに、時代の罪である」という面もあった。ベーコンは、この給与方法を合理的とは考えなかった。それゆえ、「わたくしへの宣告は、正しく、改革のため適当であった」、と書き加えた。

ベーコンの性格・行動については、人によって全く相反する批評がなされている。ベーコンは、弱点もあり欠点もある人間であったが、つぎのラッセルの批評以下ではなかったろう。すなわち、「かれはトーマス＝モアのように断然と道徳的に卓越した人間ではなかったが、また特別に不道徳でもなかった。道徳的には平均的な人間で、同時代人の大多数よりも、良くもなければ悪くもなかった」と。

晩年のベーコン

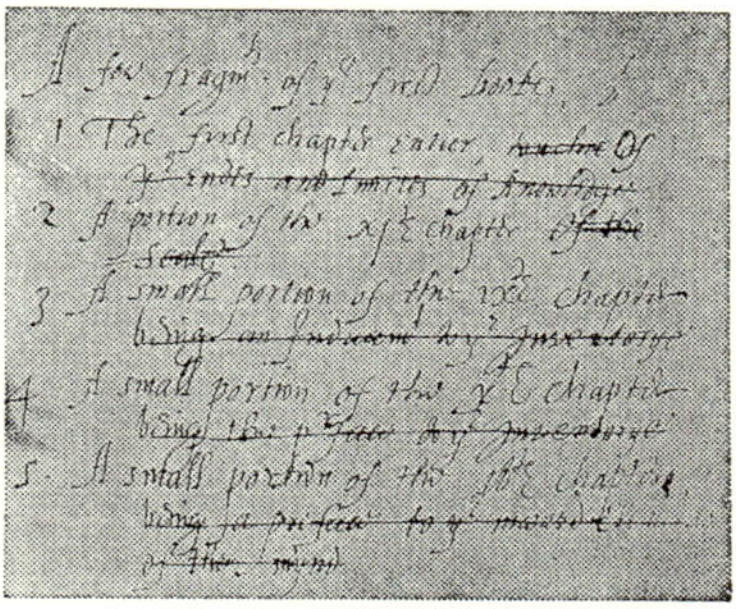

ベーコンの筆蹟

一六二一年六月四日、ロンドン塔から釈放された当日ベーコンは、国王に対して、釈放に対する感謝とともに奉仕のできることを懇願している。しかし、再び公職に復帰することはなかった。一六二二年、イートン校学寮長が空席となったとき、この地位への意欲を示したが実現しなかった。ジェームズの好意は、四万ポンドの罰金をベーコンの指名した友人に割り当て、きびしく徴収しなかったことに示された。さらに後に、年一、二〇〇ポンドに分割された。ベーコンは、七月までヨーク-ハウスに留まることを乞うたが容れられず、ゴランベリに隠退し、翌年にはグレイズ-イン法学院の古い一室に帰ることもできた。国王、バッキンガム、上院へのたびたびの懇願の結果、一六二二年の夏、ロンドンに居住することを許されたのであった。

一六二五年の春ジェームズ一世が崩御し、チャールズ一世が後を継ぎ、その第一国会にはベーコンにも召集があった。しかし、「自分は、こういう虚栄はよす」と断った。

ベーコンの豊かな創造力は、かれの最後の五年間に実りをもたらした。釈放されて四か月の後に書き上げ、一六二二年の春、『ヘンリ七世の統治史』を出版した。翌年には、『ヘンリ八世の統治史』を書き始めたが、これは完成しなかった。一六二二年の一一月、『哲学の基礎のための自然史および実験史、または宇宙の現象』が書かれた。一六二三年には、若いハーバートの援助で『学問の前進』の増補ラテン語訳『学問の威厳と増大』が完成した。一六二四年には、著作計画の第三部門にあたる『資料の森』と、未完成の『新アトランティス』が書かれた。一六二五年『随筆集』の最後の版ができ上がった。この世を去った二六年には、『資料の森』の追加に没頭していた。

一六二六年三月の末、ベーコンは医師ウィザーボーンと同乗して、ハイゲートに向かっていた。大地は一面雪におおわれていた。当時、熱と寒冷の問題に関心をもち、寒冷は腐敗を防止するかという実験の欲求にかられて馬車を下りた。近くの家からメンドリを買い、内臓を除き、集めた雪を代わりに詰めた。その折、急に寒気《さむけ》におそわれて倒れた。グレイズ-イン法学院には帰れず、近くのアルンデル伯の家に身を寄せ、一時は留守中の主人に礼状を書くことができるまでに持ち直した。しかし、一六二六年四月九日、イースターの早朝、甥のケーザーの腕にいだかれて息を引き取った。かねてからのかれの希望に従って、セント-オールバンスの聖マイケル寺院の母の墓の近くに埋葬された。

Ⅲ　ベーコンの著作と思想

学問の改革をめざして

新しい学問の設計

ベーコンは、かれの主著の一つ『新機関』の中で、かれ自身についてこう言っている。「わたくしは、わたくしの時代の人々の中でもっとも国事に忙しく、あまり強健でない(そのために多くの時間がむだになる)」と。かれの経歴から知られるように、ベーコンはまことに公務多忙の人であって、著作のための静かな余暇を持つことができなかった。それでも、暇を惜しんで三十数篇の哲学的著作を残すことができたし、かれの官職上の絶頂の時期が、著作上の絶頂ともなっている。

ベーコンは、自分の学問上の計画を十分に成熟させるためには、わずかの時間しかなかった。そのために、時をおいて同じ主題をくり返した著作が多い。また、かれのいだいた理念は、部分的にしか発展させられなかった。全体を体系的に完成させた著作は望むことができず、わずかの例外を除いて、多くの著作は未完成のままである。これらのことは、時間的に余裕のなかったことのほかに、ベーコンの学問上の計画の性質にもよるものである。というのは、ベーコンの計画は、個人の力で完成される性質のものでなく、多くの人々の数世代にわたる協力によってはじめて実現される性質のものであったからである。かれはただ、新しい時代の学問の建築物が再建されるために、出発点・設計図を描いたにすぎなかった。したがってベーコンの著作は、もともと、見取図・計画書・基本方針というような性質のものなのである。

学問上の野心

ベーコンは、少年期にケンブリッジ大学に学んだ折、アリストテレスの哲学の方針の非生産性に嫌悪を感じた。それ以後、学問——特にその方法の革新がベーコンの終生の課題となった。

その改革の計画は、まえに述べた一五九二年頃、かれが三一歳のとき、グレイズ－イン法学院から伯父のセシル卿あての手紙の中に暗示されている。この手紙でベーコンは、第一に古代ギリシアの哲学、第二に錬金術家、魔術家、機械的実験家を二種類の海賊と呼び、これらの海賊の一掃を、かれの学問上の抱負としている。

同じような趣旨が、同じく一五九二年に書いた『知識の賞讃』という題名の仮面劇の脚本の中にも述べられている。ここでは、ギリシア哲学を「大声で呼ぶ狂人」に、錬金術家を「ささやく狂人」にたとえて非難している。そして最後に、つぎのように結んでいる。「それゆえ、疑いもなく、人類の支配権は知識の中に隠されている。そこに多くのものが保存されている。それは、国王が財宝をもってしても買うことができないし、権力をもってしても命令することができない。かれらの諜報者・報道者も、その知識に関する情報を提供することはできない。かれらの航海者・発見者も、知識が成長するところに達することはできない。現在われわれは、意見においては自然を支配しているが、必要に際しては自然の奴隷である。もしわれわれが、発明において自然に導かれるならば、行動においては自然を制するであろう」と。

ベーコンが改革を企てたのはすべての学問であったが、とりわけ、自然哲学の改革であった。自然哲学とその研究方法の大改革によって、人類に有益な発明や発見をもたらし、人類の福祉を飛躍的に向上させようというものであった。

ベーコンは、『新機関』の第一巻の終わりのほうで、人間の三種類の野心について述べている。「人類の野心の三種類といわばその等級とを区別することも、的はずれではなかろう。その第一は、かれら自身の勢力を祖国のうちに拡げようと欲する人々の野心であって、そのようなものは卑俗で下等である。第二は、祖国の権力と支配権とを人類のあいだに拡げようと努める人々の野心である。そのようなものは品位ではまさるが、貪欲の点では変わりがない、しかしもし、人類全体の権力と支配権とを宇宙全体に対して建て拡げようと努力する人があるなら、その野心（それを野心というなら）は、他のものよりも健全で高貴であることは疑いない」と。ベーコンの野心は、学問の改革によって宇宙における人類の支配権を拡大し確立しようという、この第三の高貴な野心であった。

哲学的著作一覧

ベーコンの著作は、文学的、哲学的、職業的（法律的）領域にわたっているが、哲学的著作をあげてみよう。

『大革新』以前の著作

1 時代の最大の誕生（一五八五年頃、現存しない）
2 知識の賞讃（一五九二）
3 グレイズ－イン法学院のゼスチュア（一五九四）
4 自然の解明の序論（一六〇三）
5 ワレリウス－テルミヌス――ヘルメス＝ステラの註釈による自然の解明について（一六〇三）
6 時代の雄々しい誕生――あるいは自然解明の三巻（一六〇三）
7 物体の性質に関する考察（一六〇四）
8 人間の知識に関する考察（一六〇四）
9 学問の前進（一六〇五）
10 革新の第二部の概略と議論（一六〇七）
11 迷宮の糸、あるいは探究の規則（一六〇七年頃）
12 思索と結論（一六〇七年頃）

13 知性の階段（一六〇七年以後）
14 先駆者（一六〇七年以後）
15 諸哲学への駁論（一六〇八）
16 迷宮の糸、または運動の法則（一六〇八年以後）
17 収穫のかご、または熱気と寒冷の法則の研究（一六〇八年以後）
18 音響と聴取の森（一六〇八年以後）
19 古代人の知恵（一六〇九）
20 知識の地球儀の区分（一六一二）
21 天体の理論（一六一二）
22 潮の干満について（一六一六年以前と言われる）
23 自然の解明についての一二章（一六〇八年から一六二〇年のあいだ）
24 金言と勧告（右と同じ）
25 大革新（一六二〇）
26 新機関（一六二〇）
27 自然史と実験史とに対する安息日の前日（一六二〇）

『大革新』以後の著作

28 哲学の基礎のための自然史および実験史、または宇宙の諸現象（一六二二）
29 学問の威厳と増大（一六二三）
30 資料の森（一六二四）
31 天然磁石の研究
32 自然のアルファベッド
33 光と明るさとに関する研究の綱領

実行されなかった著作計画

一六二〇年の『大革新』は、序文のつぎが「著作の計画」となっており、ベーコンが六部門にわたる著作を計画したことが示されている。それは、⑴学問の分類、⑵新機関、または自然の解明の指導、⑶宇宙の諸現象、または哲学の基礎としての自然史と実験史、⑷知性の階段、⑸先駆者、または新しい哲学の予示、⑹新哲学、または行動的学問、これである。

第一部門の「学問の分類」は、「人類が現在所有している学問の摘要、または一般的記述」を示すものである。この部門に属する著作は、一六〇五年の『学問の前進』と、これのラテン語訳（一部を省略し、多くの増補をなした）で一六二三年に現れた『学問の威厳と増大』である。

第二の部門は、自然を研究し征服するために、理性の正しい使用と、それに対する援助とについて述べたもので、新しい論理学である。ベーコンは、これを「自然の解明」と呼んでいる。この部門に属する著作は、『新機関』である。『大革新』の大部分は、『新機関』二巻が占めており、『大革新』は『新機関』の序論のような形になっている。著作の4、5、6、10、12、23、24なども、この部門に関連するものである。

第三の部門は、新しい論理学にしたがって人間の知性を適用し、そこから知識を導き出すための材料を提供するものであって、あらゆる種類の経験、自然の事実の収集である。この部門に属する著作は、16、17、18、27、28、30、31、32、33などである。

第四部門は、自然研究の正しい方法が、第三部門に収集された事実に対して、どのように適用されるかの実例を示すものである。そして、後の人々がよりいっそう研究しやすくするための手引を与えられるもので、著作の13がこの部門に属する。

第五部門は、正しい自然研究の方法が完成されるまでのあいだ、ある条件の下に普通の方法を自然の事実に適用して発見したものや証明したものを示すものである。これは、古い方法から新しい方法への過渡的方法を示し、やがて新しい方法による発見の先駆ともなり、予示ともなる。著作の14、21、22がこの部門に属する。

第六の部門は、ベーコンが提案する正しい探究の方法によって引き出され完成される哲学である。この部門についてベーコンは、こう言っている。「この最後の部門を完成し結末をつけることは、わたくしの力の及ばぬことであるとともに、わたくしの希望を越えるものである。わたくしはただ、端緒を作っただけであって、人類の運命がそれに結実を与えるであろう」と。こういうわけで、この部門に属する著作は書かれなかった。

以上がベーコンが『大革新』の中で示した、かれの著作の計画の六部門のあらすじである。その計画は大部分が実行されず、実行された一部分も、未完成のものであった。

学問の擁護と分類――『学問の前進』

「あらゆる知識を領分に」

一六〇三年、エリザベス女王が崩御し、スコットランドからジェームズ一世を迎えたおり、新国王が故エセックス伯父の友人であったことから、ベーコンは、新国王に冷遇されるであろうとの不安を感じた。それゆえ、公職への望みを捨てて文筆生活に専念しようと考えたほどであった。と同時に、ベーコンは新国王に対して新しい希望を持ったのであった。というのは、ジェームズ一世は学問を好み著作もあったので、この国王に学問上の才能によって認められ、さらに学問上の大計画をこの王の援助により実現しようという希望である。

その頃ベーコンには、一五九七年の『随筆集』のほかに公刊した著作はなかった。そこで、かねてより抱いていた学問上の雄大な企画を急いでまとめたのであった。『学問の前進』がそれで、その第一巻は、比較的にひまであった一六〇三年の夏までにまとめた。一六〇四年は、国会議員としての公務に忙しかったが、その年の末から一六〇五年の秋まで、わずかな休閑を得て第二巻を早急にまとめたのであった。第二巻は本論にあたるが、いっそう不完全な形で公刊された。けれどもこの著作は、一五九二年に伯父のセシルあてに、「わたくしは、あらゆる知識を自分の領分としました」と書いたことがたんなる豪語でないことを十分に証明している。また、自由思想家、エンサイクロペディストとしてのベーコンの面目を良く示すものであるし、ラッセルはベーコンの最も重要な著作で、多くの点で著しく現代的であると評価している。

英語版とラテン語版

『学問の前進』は英語で書かれている。イギリス人が英語で書くことは、今日では当たり前のことである。しかしベーコンの当時は、学術書はラテン語で書くのが常例であった。それゆえ、『学問の前進』が英語で書かれたことは、当時は異例で画期的なことであった。ソーレイはこれについて、「英語は初めて哲学的著作の伝達手段となった」と言っている。ベーコンは一般の人々に読んでもらうために、日用語の英語で書いたわけではなかったが、結果的に、一般の人々に学問を普及させることに役立ったのである。

『学問の前進』は、直接に著作計画の第一部門として書かれたものではなかった。それが公刊されてから一八年たって、ベーコンはこれに手を加えラテン語に翻訳してかれの著作計画の第一部門を満たすことにした。それが『学問の威厳と増大』である。ラテン語に翻訳したのは、ラテン語で書くという当時の学術上の慣行が、将来とも長く続くと考え、自分の著作を長く学術界に保存したいという希望からであった。

『学問の威厳と増大』では、『学問の前進』の第一巻は、おおよそそのまま翻訳されたが、数個

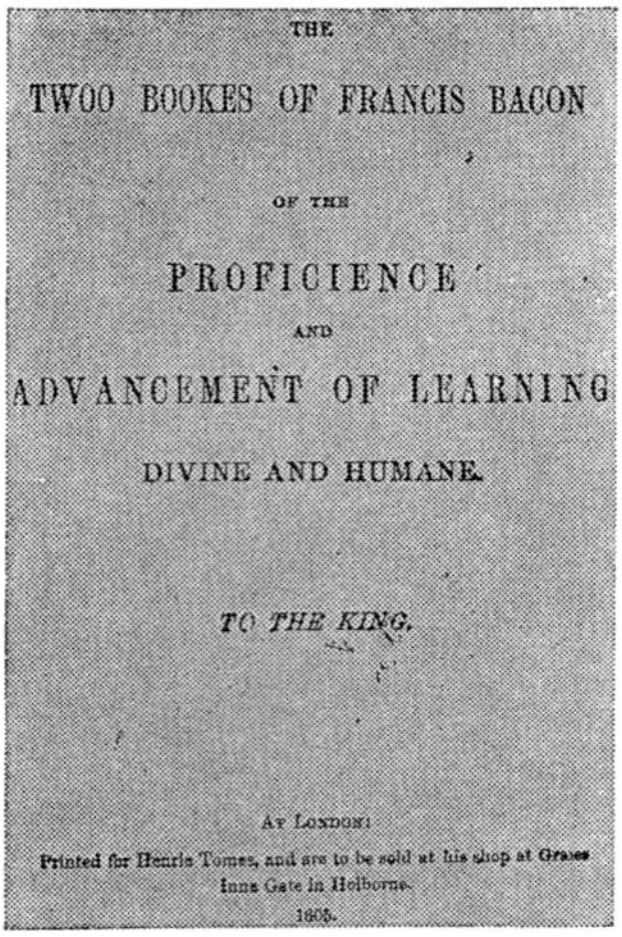

THE
TWOO BOOKES OF FRANCIS BACON
OF THE
PROFICIENCE
AND
ADVANCEMENT OF LEARNING
DIVINE AND HUMANE.
TO THE KING.
AT LONDON:
Printed for Henrie Tomes, and are to be sold at his shop at Graies Inne Gate in Holborne.
1605.

『学問の前進』の初版の表紙

所にわたり削除されたところがある。削除された大部分は、ローマ教会に対する攻撃を含むものである。『学問の前進』の第二巻は、『学問の威厳と増大』の第二巻から第九巻までに、全体として拡張され詳細に述べられている。しかし、第一巻の場合と同じ考慮によって、削除・縮減された部分がある。次節以下で、両著作にもとづいて、ベーコンの著作計画の第一部門を述べてみよう。

三種の病気

『学問の前進』の第一巻は、「学問と知識との偉大さ、およびそれを増進し普及する功績と真の栄誉との卓越性」を論ずるものである。初めに、学問に対する非難・中傷を、神学者と政治家とから受けたもの、および学者自身に原因するものの三種に分けて検討し、反駁《はんばく》し、つぎに学問の価値を積極的に賞讃するのである。ここでは、学者自身に原因する非難を取り上げよう。

学者自身に原因する学問に対する非難を、ベーコンは学者の貧乏な生活、学者の習性、学者の研究の性質との三種に区分する。学者の研究の性質による原因というのは、学問に見られる主要な三種の「むなしさ」、あるいは「学問の病気」である。第一は空想的な学問、第二は論争的学問、最後に衒《げん》学的学問である。すなわち、「むなしい想像とむなしい論争とむなしい虚飾と言ってもよい」。衒学的学問というのは、「事がらよりもことばを追いまわし、字句のよさ、文章の洗練、文節のリズム、ことばのあやや比喩によって、作品に変化や光を与えようとする」ものである。この病気の重症例は、スコラ学を攻撃することに専心した宗教改革家の活動に発見されるとする。論争的学問というのはスコラ学者に見られるもので、細かい区別だてや、無益な問題について、しつこい論争を事とするものである。「むなしい事がらは、むなしいことばよりもいっそう悪い」から、論争的学問の病気はまえの病気よりも悪質である。そして、こうした学問を見た人々は、学問を「ひまな老人のことば」と思ってしまうのである。空想的学問はもっとも悪性で、認識の本性と生命とを破壊するものである。この病気は、ずるさと単純さとから生ずる詐偽と軽信であるが、実際には併発しやすい。うわさを軽々しく信ずる人は、たやすくうわさを広めるからである。根拠の弱いものをたやすく信ずるこの病気は、信ずる対象によって、さまざまに分けられる。歴史に対する軽信の病気は、奇跡・遺物・うわさなどを、あまりに軽々しく承認し記録する教会の歴史に見られる。技術と学説に対する軽信の病気は、占星術・自然魔術・錬金術に見られる。そのため、これらは「理性よりも想像に結合する学問」となっている。また、学問の創始者を過度に信じ、それに絶対服従する軽信の病気がある。この病気のため、学問は最初もっとも生々としていたものが、時代とともに退化するのである。アリストテレス、プラトン、デモクリトス、その他の学派にこの種の病気が見られるとする。

不健康な学問

学問の病気として上に述べたものは、学問における本質的な誤りである。なおベーコンは、病気というほどではないが「不健康な状態」として、いくつかの学問の誤りを加えている。第一は、古いものと新奇なものとに対する極端な偏愛で、尚古主義者と新しがり屋がこれである。尚古主義者は新しいものの加わることを悩み、新しがり屋は付け加えるだけでは満足せず、古いものを絶滅させずにはおかないのである。つぎに、あまり早急に無理やり知識を技術や方法にまとめ上げてしまう誤りがある。このために学問の進歩は妨げられる。第三に、人間の精神と知性とに対する過度の尊敬と一種の崇拝から起こる誤りがある。この誤りのため、人々は自然の考察と経験の観察とから離れ、自分自身の理性と独断のなかで転げまわることになる。第四は、いちいち疑問を持つことをじれったく思い、断定を急ぐ誤りである。このために、十分に時が熟さぬうちに判断を下すのである。第五に、知識の伝達の仕方に誤りがある。すなわち、親方流の有無を言わせぬやり方で、受け取る側に十分に吟味する余裕を与えない誤りがある。最後に、もっとも大きい誤りは、知識の最終的な目標の見誤りである。というのは、人々が学問と知識とを求めるのは、ときには自然な好奇心や探求欲からであり、ときには変化と喜びとによって心をなごませるためである。また、装飾と名声のため、あるいは知恵と論争とで相手に勝つためである。または、金もうけや生活のもとでを手に入れるためである。そうして、「神から授かった理性を、人類の利益となり役に立つように、誠実に真実に使用するためであることはめったにない」のである。このような誤りをさけるためには、「思索と行動とが、これまでよりもいっそう密接に、また直接に結合され、連合されなくてはならない。」

以上が、学問の誤りに対するベーコンの批判のあらましで、これらの批判は、かれの他の著作でもくり返されている。これはもとより、既存の学問、学者の研究の誤りや、かれらの先入見や方法上の誤りなど、学問の前進を阻害する病弊を指摘し非難することで、学問を正しい姿に直そうとしたものである。すなわち、顕正《けんしょう》のための破邪に当たるものである。

学問の宣揚

学問に対する非難・中傷をしずめてから、学問と知識の価値の積極的な宣揚にすすむ。ベーコンは、最初に、知恵と学問とが教会史において、いかに尊重されてきたかを聖書の解釈を通してあげる。そして、神的な証拠としてこう結んでいる。「哲学と人間の学問とは、信仰と宗教のために光彩をそえ、説明する役のほかに、なお二つの義務と奉仕の役を果たしている。その一つは、学問は神の栄光を高めるための有効な手段である。……もう一つは、学問は不信仰と誤りとに対して、これを救い防ぐのに、類のないほどに役に立つ」と。

つぎに、知識の価値の人間的証拠として、学問が政治・軍事的徳、道徳的徳、権力と威令、幸運、楽しみ、不死などに対して持つ効能を述べている。道徳的な徳についての効能は、こうである。学問の熱心な研究は、あらゆる疑問と困難とを思い付かせる。また、事の両面の道理をくらべて考慮し、検討し吟味したものでないと受け入れないよう、精神に習慣をつける。こうして学問研究は、軽率と無鉄砲と傲慢《ごうまん》とを取り除くのであると。そして最後に、人間の本性がもっとも熱望する不死あるいは永遠について、学問がいかにすぐれているかをつぎのように論じて、『学問の前進』の第一巻は終わっている。すなわち、知力と学問の記念碑は、権力あるいは技術の記念碑よりも、はるかに永続的である。ホメロスの詩は、一字一句も失われずに二、五〇〇年以上も存続している。知力と知識とは、絶えず子を産み、種子をまき、のちのちの時代に伝えられている。「学問は、さながら船のように、時という広大な海を渡って遠く隔った時代に、つぎつぎと知恵と知識と発明の分け前を取らせるのである」と。

分類の基本原理

第二巻は本論にあたり、学問の増大のためにこれまでになされてきたことと、その欠陥とを述べたもので、それを通してベーコンの学問大改革の企画を展開しているのである。

まず、ベーコンの学問分類の原理は、真理の性質によるものと、学問をする人間の知的能力の区別によるものと二つある。

学問の基本分類

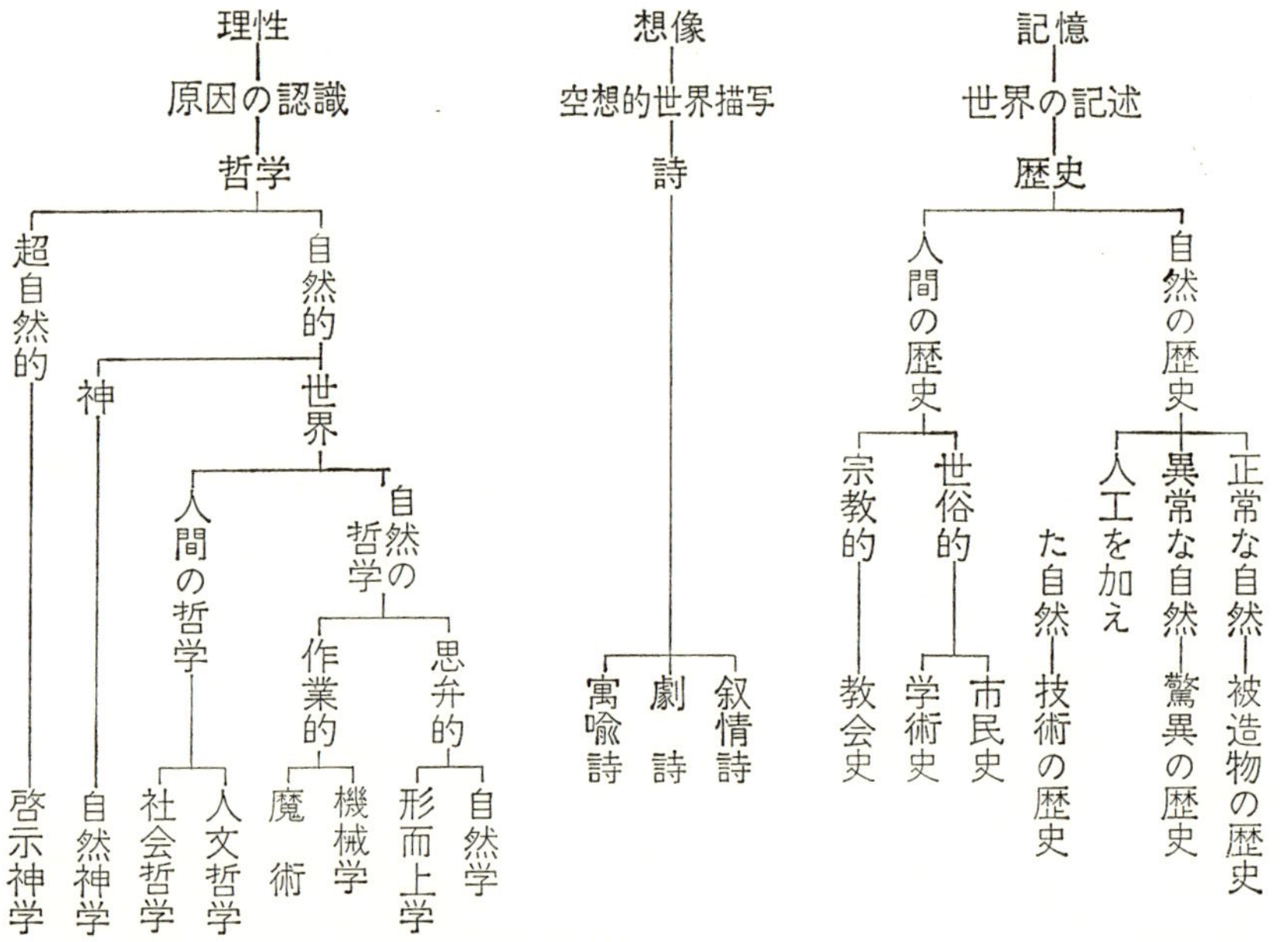

記憶
世界の記述
歴史
自然の歴史
正常な自然
被造物の歴史
異常な自然
驚異の歴史
人工を加えた自然
技術の歴史
人間の歴史
世俗的
市民史
学術史
宗教的
教会史
想像
空想的世界描写
詩
叙情詩
劇詩
寓喩詩
理性
原因の認識
哲学
自然的
世界
自然の哲学
思弁的
自然学
形而上学
作業的
機械学
魔術
人間の哲学
人文哲学
社会哲学
神
自然神学
超自然的
啓示神学

真理には、神の啓示によって与えられるものと、人間の知力によって得られるものと二種類ある。前者の学問は啓示神学であり、後者の学問は広い意味の哲学で、すべての人間の行う学問が含まれている。

人間の知的能力の区別による分類は、広い意味の哲学の分類に適用されるもので、人間の知的能力の三区分、すなわち、記憶と想像力と理性とのそれぞれを座とする歴史・詩・哲学の三分類である。われわれが世界に触れる最先端は感覚である。感覚による知覚と経験とがあるがままに記憶に保存されて、歴史が成立する。記憶に保存された経験は、つぎに想像力または空想能力に送られ、そこで情緒的、空想的に世界を描写し、詩が成立する。最後に、経験を合法則的に説明し解釈するのが理性の仕事であり、ここに哲学が成立する。この知力の三つの区分による学問の三大部門の分類は完全なもので、このほかにはあり得ない。

ところで、人間の知的能力の区別による学問の三大区分は、啓示神学にも応用され、啓示神学は、予言を含む教会の歴史と神の詩である比喩、教義と教訓との三部門となる。

歴史の四区分

ベーコンの歴史は、人間の経験によって収集され、記憶に保存された全宇宙現象の描写で、今日の歴史の概念より広く、「世界誌」ともいうべき性格を持っている。宇宙は自然の世界と人間の世界とから成り立つから、歴史はまず、自然の歴史（自然史）と市民の歴史（市民史）とに分かれる。自然史は自然の事実と作用とを取り扱い、市民史は人間の行為と業績とを取り扱う。さらに、市民史に含めることもできるが、重要性から見て、宗教史または教会史と学術史とを独立させることができる。そうすると歴史は、自然史、市民史、教会史、学術史の四つとなる。自然史は、自然の状態に対応して三種に区分される。すなわち、正常な状態の自然を取り扱う被造物の歴史、異常あるいは型はずれな自然を取り扱う驚異の歴史、人工を加えて変えられた自然を取り扱う技術の歴史、これら三つである。

被造物の歴史は、『学問の威厳と増大』ではさらに、(1)天体の歴史、(2)流星と大気界の歴史、(3)大地と大海の歴史、(4)火・空気・土・水などの性質や運動・作用・影響などの記述、(5)動物や植物の記録、と五つに区分されている。

驚異の歴史は、自然の不規則な変化の正確な収集で、事実の確実で明白な証拠のある限り、魔術・妖術・夢・占いなど、迷信的な話も含まれる。驚異の歴史の意義は、(1)一般的事例だけから立てられる公理や学説の偏向を是正すること、(2)自然の驚異から出発して学術の驚異へとさそうことである。

技術の歴史は、農業や手工業に関係した技術のほかに、今までは欠けていたがさまざまの実験の記録が加えられる。技術の歴史は、三つの自然史のうちで、自然哲学にとってもっとも根本的、基本的に重要なものと強調されている。それは、一つは技術と技術とを結び付けて、うまいやり方を数多く提供し示唆するからである。さらに重要な理由は、原因と一般命題について、真実でほんもの の知識を与えるからである。というのは、人の気質が怒らせてみてはじめて分かるように、自然の過程や変化も、自然を自由にしておくよりも、技術によって苦しめ悩ませるときにいっそうよく分かるからである。

市民の歴史は、肖像や彫像に未完成なもの、完成したもの、汚損したものがあることになぞらえて、覚え書と、完成した歴史と、古代遺文との三種に区分されている。

覚え書は、一連の事件と行動とをありのまま書きとめた記事と、公の行事を収集した記録との二種がある。

古代遺文は、「難破船の板片のようなもの」で、記念物・名称・ことば・ことわざ・伝説などを時の洪水のなかから救いあげたものである。

完成した歴史は、それが描く対象により三種に区分される。すなわち、対象が時代か、人物か、行動かによって、時代史・伝記・物語あるいは説話である。そのうち、「時代史は、もっとも完全で無欠な種類の歴史で、最高の評価と栄誉が与えられている。しかし、伝記は利益と効用において、物語は真実と誠実さにおいてすぐれている。」

時代史は、古代史と、ギリシアおよびローマの中間の時代史と、それ以後の近代史とに区分される。時代史には、右のほか、年代誌と日誌の区分、世界の王国、共和国、人民の行動を記述する普

目をつぶされるポリフェモス

遍史と、特定の王国、共和国、人民の行動を記述する特殊史の区分もある。

学術の歴史は、学問の一般的状態を時代順に叙述し説明するものである。すなわち、さまざまの知識の古い遺物と原型、その学派、創意工夫、伝達、運用と活用、繁栄、論争、衰退、不振、忘却、移動を、それらの原因や誘因、そのほか世界のあらゆる時代にわたって学問に関係するすべての出来事を含めて記述するものである。このような学術の歴史の効用と目的とは、学問を活用し運用するさいに、学者を賢明にすることである。今まで、このような学術の歴史が欠けており、そのため「世界の歴史は、目がなくなったポリフェモスの像のようなもので、人の精神と性格とをもっともよく示す部分が欠けている」ものとなっている。

教会の歴史には、二種類の区分がある。一つは、市民史と同じような区分で、教会の時代史、教父たちの伝記、教会会議およびその他の教会に関係する事がらの物語である。もう一つは、教会の特質からして、狭義の教会の歴史（迫害され、移動し、平和な時期に至った教会の歴史）と、予言の歴史と摂理の歴史の三区分である。

ベーコンによれば、「歴史は経験と同一である。」歴史は記録の手段による、自然界ならびに人間界にわたる経験の貯蔵庫である。そして、知識の源泉を哲学に提供する目的を持つ。自然史が「自然哲学の養母」とされ、とくに技術史が重んぜられたのも、自然研究に役立つからである。学術史の尊重も、諸学問の研究に有用であるからである。一般に、歴史は哲学研究の資料として価値があり、したがって、その目的に適するように編集・記述されなければならない。

その結果、歴史の科学としての独自の価値は減殺《げんさい》されることも否定できないであろう。しかし、ベーコンの歴史の動向に対する洞察は鋭く、また、人種の歴史的進歩に対して確信を持っていた。かれの時代を、「この時代の特色は、なおも先へ（plus ultra）である」とし、長足の進歩のまさに始まらんとする時代と見た。その歴史の進歩の動力を、学術の発達、科学における発明、発見であると考えた。それゆえ、学術史を欠いた世界史は、人間の精神をもっとも良く示す部分を欠いたものと同じである、と言うのである。

仮作の歴史としての詩

詩は、その言語を考えるか、素材を考えるかによって、二つの意味にとられる。第一の意味では、詩は表現様式の一種で言語の技巧の問題であり、ここの問題とはならない。第二の意味では、詩は仮作の歴史であり、韻文でも散文でも、表現様式に関係なく、学問の一部門としての詩となる。

事実の歴史の行為や事件には、人間の精神を満足させるほどの偉大さがないから、詩は想像力によってそれよりも偉大で、英雄的な行為と事件とを仮作するのである。真の歴史は行動の成敗や結果を因果応報の理に応じて述べないから、詩はそれが公正な応報にかない、神の摂理に一致するように仮作する。そのように、詩には人間の魂の要求に応じて、事物の本性に見出される以上の豊かな偉大さ、正確な善、完全な多様性がある。このように、経験の事実をあるがままに描写する真の歴史に対して、詩は人間の精神の欲求に合わせて、架空のできごとや人物を描くから、仮作の歴史なのである。そして、人間の魂の欲求に合わせる仮作によって、詩は寛容や徳行や愉楽に役立ち、人間の精神を振起することができる。この仮作の歴史としての詩だけが、ベーコンの学問の一部門としての詩である。したがって、文芸としての詩趣の有無は全く問題ではなく、むしろ詩趣のない詩がベーコンにおいては価値ある詩となる。

詩は仮作の歴史であるから、歴史の区分と同じく、仮作の時代史、仮作の伝記、仮作の物語の区分もできるとする。

しかし、詩の特色から見て、叙事詩・象徴詩・比喩詩と区分することもできる。

叙事詩は、歴史のたんなる模倣であるが、現実以上のものを含んでいる。そしてその主題は、通常は戦争や恋愛である。それゆえ、内容からは英雄詩と呼ぶこともできる。

象徴詩は、まのあたり見る歴史のようなものである。真の歴史は、起こったとおりの行動の映像であるが、象徴詩はまのあたりにあるかのように見せかけた映像である。したがって、劇詩と呼んでもよく、現実世界に対する劇場であり、風紀と弊風とに深い影響がある。

比喩詩または寓喩《ぐうゆ》詩は、ある特別の意図や考えを示すためにだけ用いられた物語である。イソップの寓話、七賢人の箴言《しんげん》、象形文字など、寓喩的な知恵は、古代にはもっともよく用いられた。その理由は、現代ではふつうの事でも、古代には人心がそれを理解するほど鋭敏でもなく、実例も欠いていたので、比喩詩による類似と実例の方法で、当時の人々の感覚に親しみやすくしたのである。比喩詩は、いま述べたような教授や説述の内容をあきらかに示して見せるためにではなく、反対に、宗教や政治・哲学の奥義や秘義を寓話やたとえに包んで、おおいかくすためにも使用される。

詩は、感情や情念や堕落や風習を表現することにおいては、哲学者の著作にまさり、機智と雄弁にかけては、演説家の長広舌におとらぬものであるというのである。

哲学の区分と第一哲学

哲学は、理性を座に持つ最高の学問である。記憶を座とする歴史は、経験と同一のもので、個々の事がらを印象されるがままに保存・再現し理性の判断の資料を提供する。想像力を座とする詩は、自然または事物のいかなる法則にも拘束されず、心の好みにしたがって結合し、また分離する。詩においては精神は事物を全く離れ、「想像力の娯楽ないしたわむれ」であり、「詩は学問のゆめ」である。哲学は、詩のように仮象の世界に関係せず、歴史と同じく精神は事物に結合されるが、しかし歴史のように個々のものに関係するものではない。「哲学は個体を捨て、個体からの直接印象に関係せず、これらの印象から引き出した抽象観念に関係する」。そして、「これら諸観念を、自然と事実の法則とにしたがって組織し分類する」。このように、哲学は事物の法則や原因に関係し、これを探究するから、真の意味で「哲学と科学とは同じものである」と言う。

ところで、「哲学において、人間の思索は神にまでつき進むか、自然をめぐるか、人間自身を顧み、あるいは回想するかである」。このように、哲学は対象によって神に関する哲学、自然に関する哲学、人間に関する哲学の三つに区分される。

以上のように、哲学は三つの部門に区分されるが、いま区分された部門のほかに、第一哲学と呼ばれる特別の部門がある。これは、道が分岐するまえの共通の本道にあたる普遍的な学問である。元来、知識の諸部門は完全には分離できないものである。というのは、「知識の区分と区画とは、別々の線が一つの角で交わり、したがって一点で接するようなものではない。一本の木の枝のようなもので、小枝は幹のところで交わるが、その幹はそこから大枝が腕のように出て分かれるようになるまでは、まとまって連続的なかさと量とを持つものである」から。

第一哲学は、量、類似、差異、可能性など、事物の本質でない外的性質で、しかも事物に共通な性質、あるいは普遍概念の本質と作用とを研究する。たとえば、量の場合ならば、自然界である物質（たとえば鉄）は、きわめて多くあり、ある物（たとえば黄金）は少ないという量の差の理由の探究である。また、このほかに、ある特殊な部門にだけ属するのではなく、一般的で諸学問に共通するような高度な意見や一般命題も第一哲学に属する。たとえば、等しくないものに等しいものを加えると、その総和は等しくないという規則は、数学ならびに正義の一般命題である。感覚の諸器官は反射の諸器官、たとえば目は鏡と、耳は洞穴と同一種類のものである。このように諸学問に共通なものを取り扱うので、第一哲学はすべての学問の共通の親として、最初におかれるのである。

神の哲学と自然の哲学

神に関する哲学は、人間の思想によって得られる神に関する知識である。それは対象に関しては神的であるが、知識の源泉は自然的である。それゆえ、啓示による神学と区別して、自然神学と呼ぶ。自然神学は、神の全能と知恵とを自然から例証することによって、無神論を論破するには十分であるが、それ以上に理性を神の真理にまで引き上げ、信仰させることはできない。

自然哲学は、思弁的部門と作業的部門、あるいは理論的知識と実践的知識の二部門に区分される。前者は原因を探求し、後者は原因の知識の指示によって効果を生産する部門である。

思弁的自然哲学は、さらに自然学と形而上学とに区分される。ただし、形而上学という名称の用法と意味とは従来とは異なる。自然学は、質料に内在し変化するものを考察し、形而上学は、質料から引き離されて変化しないものを考察する。原因の一般に認められている区分に従えば、自然学は質料因と作用因を、形而上学は形相因と目的因とを取り扱う。

「同じ一つの火によって、粘土は硬化し、ろうは熔ける」。火は粘土を硬化させ、ろうを熔かす質料因である。陶器を作り、ろうや油脂をとかすために熱する過程は作用因である。粘土を硬化させ、ろうを熔かす原因は、火という物質に内在する。しかし、火はすべてのものに対して、つねに硬化、あるいは軟化の原因ではないから、変化する相対的な原因である。これらが、自然学の探究する原因である。

これに対して、ベーコンの帰納法を適用して発見される、たとえば「熱は、膨脹的で、抑制された、衝突し合う物体の小粒子の運動である」、というのが熱の形相因である。この条件をそなえるならば、いかなるものにも熱を生じさせ得るであろうから、形相因は特定の物体に限定されるものではない。それゆえ、「質料から引き離され、変化しない」原因である。また、たとえば「まつげは、視力の保護のためである」、というとき、視力の保護が、まつげの目的因であるが、目的因は意図を示すだけで自然界の結果を左右しない。したがって、これも質料から引き離された原因である。これら二つの原因が形而上学の取り扱う原因である。

自然学はさらに、諸物の原質に関する部門と、諸物の構造に関する部門と、諸物の多様性と特殊性に関する部門の三つに区分される。この第三の部門は、さらに、天体と流星、大地、諸要素などの質料因と作用因とを探究する具体的自然学と、物体の配置と物体の欲求と運動に関する抽象的自然学とに再区分される。

形而上学の一部門に数学がある。数学の対象は量であるが、第一哲学に属する相対的な不定量でなく、定量あるいは比例的な量である。そして一定量は本性上、多くの効果の原因となるから、諸物の本質的形相の一つと考えられる。それゆえ、数学は形而上学で一部門であることが、事がらの本性に適《かな》っている。

数学は、純粋数学と混合数学に区分される。純粋数学とは幾何学と算術である。混合数学は自然哲学のある一般命題あるいは部門において、補助的に定量を取り扱う。光学・音楽・天文学・宇宙誌・建築学・機械学などにその例が見られる。

作業的自然哲学は、自然史・自然学・形而上学という三つの部門に対応して、実験的・哲学的・魔術的の三部門に区分される。

多くの作業が偶然の結果や、ときには実験によって発見された。これは、たんなる経験によるもので、自然哲学によるものではない。これら自然史に残されるものが実験的作業である。自然学的原因、すなわち質料因と作用因との指導によるものが哲学的作業であり、真の機械学である。形而上学的原因、すなわち形相因の知識を応用しての作業が魔術的自然学または自然魔術である。魔術という名称でも、感応や反発についての迷信的な独断や観察や愚かしい実験をいうのではなく、古代の光栄ある意味に再建した、大きく自由な作業をいうのである。「形相を知る人は、全く異質的な質料においても、本性の合一をとらえる。そのような人は、これまでなされたことのないもの、また、人の心に思いつくこともなかったようなものを発見し明るみに引き出すことができる。それゆえ、形相の発見からこそ、真の思索と自由な作業がおこる。」もし、たとえば、黄金色、一定の重量、展性など、金の諸性質の形相を知るならば、これらを組み合せて黄金を合成することが可能であろう。それは、いく粒かの薬を投げ込んで、水銀その他の物質を金に変える魔術よりは、はるかに可能性があると考えられるのである。

先に述べたように知識の諸部門は、一つの根幹から分かれた枝のように、連なったものであり、また、一つのピラミッドのようなものである。歴史はその基礎であり、自然の哲学においては、基礎は自然史で、つぎの段階が自然学、頂点に近い段階には形而上学が位置する。形而上学は自然の最高の法則を探究する学問なのである。

原子論と運動　ベーコンは形而上学と自然学とを自然哲学の中に組み入れた。このことは、唯物論的哲学の宣言である。この傾向は初期には明確で、後になり次第に緩和されている。一六〇三年の『時代の雄々しい誕生』では、哲学と自然学とを分離しなかったソクラテス以前の哲学者たちを重要なものとしている。なかでも、原子論者デモクリトスをもっとも深遠な哲学者としている。その理由は、デモクリトスが目的因をしりぞけて自然から心を追放し、抽象的な形相をさけて、具体的な物質をあらゆる事物とその活動の源泉としたことによるものである。一六〇四年の『物体の性質に関する考察』においても、デモクリトスの原子論を哲学におけるもっとも有効な学説と考えた。すなわち、「原子の仮定なしには、事物に発見される自然の純粋な微妙さを、思索で把握することも、ことばで表現することも容易でない」と。ところが、一六〇五年の『学問の前進』では、原子論の問題には少しも触れていない。原子よりもプラトン・アリストテレス的起源の形相が、物質や宇宙を説明する鍵となっている。一六二〇年の『新機関』において、熱の形相を粒子の運動であると考えたように、形相の観念には原子の運動という観念が含まれてはいる。しかし、原子の性質はあまり重要な問題とされず、形相や運動の研究が重要視されている。そして、デモクリトスを他の哲学者よりは尊重しているが、原子論には反対をしている。すなわち、「われわれは原子論におもむいてはならない。原子論は、真空と物質の不可変性という、ともに誤った仮説を含んでいるからである」と。

ベーコンは、自然のあらゆる作用を運動の様式と考えた。物体や天体のいわゆる運動だけではなく、動植物の成長、物質の腐敗なども含まれている。『物体の性質に関する考察』において、運動の研究を「あらゆるものの中で、最大のもっとも有用な研究である」としている。しかしここでは、運動の性質や種類などについては述べていない。『学問の前進』でも、運動について述べていない。

一六〇八年ころの『迷宮の糸、または運動の法則の研究』では、運動の種類、強さ、運動の結合と集積など、運動について研究すべき問題を列記しているが、運動の法則を示してはいない。『新機関』の第二巻に、かれの特権的事例の一部として、二〇種の運動を区分している。これらを見ても、ベーコンの運動の概念は物理的運動だけでなく、感覚や随意運動までをも含んでいる。ただ、『新機関』や『学問の増大』では、物理的運動は自然学に、そうでないものは形而上学、その他の自然学以外の部門にと区分されている。ただし、ベーコンは物理的運動そのものに、機械的・量的・事実的なものだけではなく、物体の愛好、嫌悪、回避、支配、休息の欲求など、生きた精気(spiritus)から生ずるものと考えられたものをも含ませている。そして、運動よりも形相の研究が重んぜられた。ここでも、初期のデモクリトス的傾向が後期にはゆるめられ、プラトン・アリストテレス的傾向に接近している。

人文哲学　人間の哲学は、人間を分離して個別的に考察する部門と、集合させて社会において考察する部門とがある。前者は、個別的人間学または人文哲学、後者は集合的人間学または社会哲学あるいは市民哲学である。

人文哲学は、人間を構成している身体と精神とのそれぞれに関する部門から成り立つ。しかし、そのように区分するまえに、人間性の一般的、全体的な考察の部門をたてる。この部門は、精神と

ヒッポクラテス

身体とのあいだの共感と符号とについての知識で、それは混成しているので、どちらか一方についての部門にふりあてることは適当でない。精神と身体の連合の知識は、どのように一方が他方の正体を露見するかと、どのように一方が他方に作用するかの二つの部門がある。身体の外形から精神の性向を明らかにするのは観相術であり、精神の現象から身体の状態を知るのは夢の解釈である。精神と身体との相互の影響についての知識の一つは、体液と身体の状態とがどのように、どこまで精神を変え、あるいは作用するかを考察する。もう一つは、この逆作用の研究で、精神の情念あるいは気づかいが、どのように、どこまで、身体を変えあるいは作用するかを考察する。

まず人間の身体に関する知識は、健康と美と力と快楽との四種の身体の善の区分に従ってわけられる。それらは、医術すなわち治療術、美容とよばれる装身術、鍛練とよばれる運動の術、教養ある愉楽とよばれる愉楽の術である。

医術は、もっとも高貴な技術であるが、入念な研究がなされず、研究されても進歩しなかった学問である。その多くの欠陥のうち、明白なものを列挙すると、こうである。第一は、ヒッポクラテスの模範から断絶して、病気の詳細な記録をとらないことである。第二は、解剖学の研究が不十分なことである。とくに、多数の解剖した結果の比較解剖学が欠けていることである。第三に、多くの病気の治療を本性上不治とか、手遅れのものと断定し、その研究を怠っていることである。第四は、健康の回復のほかに医師の職務である、苦痛の軽減、さらには安楽死の研究を怠っていることである。第五は、治療のための医薬の処方について伝統と経験の成果から離れ、個々の病気に適切だからというのでなく、気ままに調合すること。第六に、鉱物薬剤の効能、その合成の研究の不足、温泉や鉱泉の効能の利用の研究の不十分なことである。最後に、もっとも重大な欠陥は、医師の処方、処置が計画性のない、簡略なもので思い付きにすぎないことである。

総じて、医学は病気の性質・原因・治療手段の研究において、経験や実験から離れ、自然研究の支柱を失っている。医学が進歩しないのは、人間の精神の不十分さや無能力からではなく、遠くに離れて自然を見ているからである。はるかかなたにあるものをみる感覚では誤ることが多いが、近づけば近づくほど正確になるように、理解力もまったく同じことがいえるのである。それを矯正する道は、器官を強くしたり刺激したりすることでなく、対象に近づくことである。

医学は、『学問の威厳と増大』では、健康の維持、治療、延命術の三部門に区分されている。

美容術は、儀礼の部分と柔弱の部分がある。運動の術は、身体の鍛練によって得られるあらゆる能力をめざす。活動の能力としては、力と敏速の二つがあり、忍耐の能力としては、貧窮にたえるがんばりと、苦痛に耐える我慢がある。感覚的快楽の術については、それを抑制する規則が欠けている。慰安のための遊戯は、社会生活と教育の問題であるとベーコンはいう。

次に人間の精神に関する学は、精神の実体ないし本性に関する部門と、能力に関する部門とに区分される。

ベーコンはアリストテレスと同じく、人間の精神は神的な理性的精神と、非理性的精神ないし感覚的精神とから成ると考えた。理性的精神すなわち霊魂の実体は、創造のおりに神から直接にふき込まれたゆえ、哲学の対象とはならない。感覚的精神は物質的実体であって、研究の対象となる。

精神の能力は、悟性、理性、意志、欲望、感情、想像力、記憶などに区分される。悟性と理性は、命題あるいは判定を生み、意志、欲望、感情は行動あるいは実行を生ずる。主要なものは、論理学と倫理学とに関係する、これらの能力である。ベーコンの精神の能力の区分は明確ではないし、能力の研究について述べたこともかんたんなものである。

精神の能力に関する部門の付加的研究として、占いと、想像力の他人の身体に及ぼす作用、すなわち魅惑の研究の二つがある。『学問の威厳と増大』では、さらに随意運動、感覚と感知の区別の問題、光の形相の研究の三つを加えている。

随意運動の論は、精神と身体との関係についてのベーコンの見解であるが、こう述べている。

「感覚的精神は、熱によって稀薄《きはく》にされ見えなくされる物質であり、炎と空気の性質のものから構成された息である。それは空気のような柔軟さをもって印象を受け、火のような強さをもって活動を伝える。一部分は油性で、一部分は水性の物質によって養われ、身体でおおわれ、完全な動物では主として頭部に宿り、神経にそって走り、動脈の浄化された血液で清新にされ回復される」と。この見解は、イタリアのテレジオから学んだものであるが、デカルトの動物精気の説明ときわめて近い。

論理学

精神の能力の学問の第一は論理学で、理性と悟性の使用に関する学問である。論理学は「すべての他のかぎ」であり、「技術の技術」である。そして、仕事の目的に応じて四つに区分される。すなわち、探究するものを発見する術と、発見されたものを判断する術と、判断されたものを保管する術と、保管されたものを伝達する術である。

発見の術は、一つは技術と学問の発見で、他は言語と論証の発見である。前者がはるかに重要で、真の意味の発見である。技術と学問の発見の部門は、第一は読み書きのできる経験、第二は、自然の解明である。「読み書きのできる経験」については、『新機関』と『学問の威厳と増大』で、くわしく述べている。「自然の解明」は『新機関』で述べられている。

ベーコンは、従来の論理学は学問の発見をしようとせず、また、その発見の方法である帰納法は無効であるとした。そして、論理学を発見の術として再建することを自分の課題としたのであった。その有効な発見の方法としての論理学が新機関である。この新機関によって、真に自然の解明が可能となる。自然の解明とは適切な経験と観察とを基礎とした推理をいう。しかしそれには、新機関を十分に吟味して完成しなければならず、それによる自然の解明には、豊富な自然史の準備が必要である。その上ではじめて、かれの行動的科学が可能となり、学問の発明が起るわけである。一方、それに至るまでのあいだも、学問は進められ、人間の福利のために自然を利用しなければならない。けれども、伝統的方法は不毛である。残された方法は、多少とも経験的な観察と実験とによる方法である。ベーコンはいう。「人は三つの方法で道を進むことができる。自分で暗中模索するか、自分では何も分からずに他人に手を引かれるか、あるいは明かりを持って足どりを指示して行くかである。順序も方法もなしに、あらゆる種類の実験を試みる者は暗中模索と同じである。実験に、ある指示や順序を用いるなら手を引かれるようなもので、『読み書きのできる経験』とは、この第二の行き方である。第三の方法の明かりそのものは、自然の解明または新機関から求められる」と。「読み書きのできる経験」とは、自然に起こった偶然と呼ばれる経験でなく、意図された経験、すなわち実験の方法によるものである。しかし、それは新機関が完成されるまでの暫定的な方法である。新機関による自然の解明は、「成果と実験とから原因と一般命題を、そしてさらに、その原因と一般命題とから新しい成果と実験とを引き出す」。「読み書きのできる経験」は、「成果から成果を、実験から実験を引き出す」もので、既存の経験のさまざまな応用をいうのである。『学問の威厳と増大』では、実験の変化、反復と拡張、転移、転換、強制、応用、結合、偶然と八種の「読み書きのできる経験」をあげている。

判断の術は、証明と論証の問題を取り扱う。結論を引き出すための判断は帰納法か三段論法かによってなされる。帰納法による判断は、正しい形式でも、まちがった形式のものでも、発見するのと同じ精神活動が行う。帰納の正しい形式については、『新機関』の説明の部分にゆずる。

三段論法は、万人に承認される原理を前提とし、媒辞《ばいじ》(中概念)を通して命題を帰結させるものであるが、媒辞の発見と結論の判断の精神活動とは別のものである。そして、この方法には、命題が前提と直接に一致することによる直接的証明法と、命題に矛盾するものを前提に矛盾するものとして証明する「不合理をしいる」証明の方法とがある。

三段論法を教える方法には、正しい推論形式を設定する指導の方法と、詭弁《きべん》とわなにひっかける虚偽の推論を論破する警告の方法とがある。指導は分析論、警告は論破法である。論破法は、詭弁的虚偽、説明の虚偽、誤まった見かけまたはイドラの論破の三つに区分されている。イドラについては、後に述べる。

知識の保管の術は、記録によるか記憶によってなされる。記録は、記憶を大いに助けるもので、記録なくしては正確を期することができず、記憶されぬ証拠は許されない。これは、帰納法的哲学と自然の解明とにおいては、とくにそうである。

記録の部門は、記号の性質に関する部門すなわち文法学と記入の秩序に関する部門に区分される。記憶の術は、予知によるものと象徴によるものとがある。

伝達の術は、知識を他人に表現し、転移するための術である。これは、言語と論述のあらゆる部門に関係するが、伝達の機関、伝達の方法、伝達の例証の三つの部門に区分される。伝達の機関の部門は、話しことばと語の考察で、文法学を構成する。ここではベーコンは、哲学的文法と呼んで、学術語と通用語にわたってその諸特性を研究する比較言語学的研究をすすめている。

伝達の方法は、知識の完成をめざす継続的努力を鼓舞する重要な部門である。この部門は、伝達された知識を使用させる方法と進歩させる方法に区分される。前者は権威的方法で、後者は試験的ないし先導的方法である。その他、公開的方法と秘伝的方法、警句による方法と組織的方法、取り扱う題材や内容に適応して方法が異なってくる。伝達の例証は、修辞学または雄弁術と言われる。修辞学の任務は、意志を理性の命ずる方向にいっそうよく活動させるために、理性の命令を想像力に受け入れさせることである。論理学は、道理を厳密に真理にしたがって取り扱うが、修辞学は一般の人の考え方と習俗に受け付けやすいように取り扱う。論理学の証明と論証は、すべての人に対して同一であるが、修辞学の説得は聞き手に応じて異なってくる。

知識の伝達に関しては、二つの研究が付加される。一つは、著者の原典研究に関するもの、もう一つは教授法の研究である。

倫理学に関するベーコンの論述は、論理学に比較して、はるかに簡略であるが、示唆に富んでいる。

倫理学

倫理学は、善の模範あるいは性質に関する部門と、精神の訓練あるいは耕作の部門との二つがあるとする。前者は善の種類と等級を考察する。善の等級の最高の段階すなわち至福あるいは最高善とか呼んでいるものは、信仰に属し神学にゆずられる。

善は、個体の善と全体の善との二種類に区分される。すべてのものは、それ自身において独立したものとして自己の善を求め、他方、より大なる団体の一員としては全体の善を求める。全体の善は自己の善よりも強力で価値も大である。これは、自然の観察から証明される。人間においては、公共の義務は生命と生活の保持よりも価値が高い。

個体の善は、個人の生活欲求によって区分される。すなわち、第一は自分の本質を保存し維持する欲求、第二は自分の本質を進歩させ完成させる欲求、第三は自分の本質を増殖し拡大する欲求である。第一に関するものは保存の善、第二に関するものは完成の善で、これらの二つは受動的善である。第三に関するものは能動的善であり、能動的善は受動的善にまさる。生物においても、子孫を生む喜びは食物の喜びよりも大であり、人間も多様の進歩を愛好する。また、受動的善の中では、完成の善は保存の善にまさる。現状の維持よりも、進歩させるほうがまさるからである。

全体の善は、社会に関係ある人間の善であるから、義務と呼ぶ。義務には、第一に国家の一員として各人に共通な義務と、第二に職業・職分・地位によって各人に特殊な義務とがある。

職業上の義務と徳とを論ずるためには、それと相関的なすべての職業における悪徳、詐偽についても知らなくてはならない。そうでなければ、徳はあけっぱなしで無防備な状態となる。この部門には、夫と妻、親と子、主人と召使のあいだの義務、友情と感謝の法則、集団や近隣の一員としての義務なども含まれる。全体の善に関する研究は、何が善であるかのほか、人々相互のあいだ、私と公、現在と未来の義務のあいだの軽重の問題も取り扱う。

精神の耕作の部門は、いかに人間の意志を善に適合させるべきかを研究するが、これは従来欠けていた。そのため、善の本性の部門は美しい画像にすぎず、見た目には美しいが生命も活動もないものとなっていた。

身体の治療にあたっては、体質と体格を知り、つぎに病状、最後に治療法を知るのが正しい順序である。同じように、精神の治療においても、さまざまの性格、精神の病気である感情、その上で治療法が考慮されるべきである。そのうち、まえの二つはわれわれの支配のそとにあり、最後のものだけが支配できる。

精神の耕作の部門の第一は、人間の天性の傾向のさまざまな性格と気質とについて、確実で正しい分類と記述を書きとめることである。すなわち、性格学である。性格の基本要素、その特質と差異、性格の類型などの研究である。これには、自然によって刻印された気質の性格のほか、性別、年齢、地域、健康と病気、美醜などによる差異の研究も含まれている。

第二は、感情と激情との研究である。感情の動揺と異常によって、精神がかく乱される。その感情の動き、変化、抑制、外的表現、相互の重複、抵抗などの研究である。

第三は、われわれが支配できるもので、われわれの意志と欲望とに影響し性格を変える力あるものの研究である。習慣、鍛練、習性、教育、模範、模倣、競争、交際、友人、賞讃、叱責、訓戒、名誉、規則、書物、学問などがこれである。これらの研究から、精神の健康と良好な状態を、人間の治療でなし得るかぎり回復させ維持させるのに役立つ処方と養生法とが調剤され記述される。ベーコンは、そのうち、習慣形成の四つの教則と学問とについての規則に関して述べている。そして最後に、こう結んでいる。身体の美質は、健康、美、力、快楽である。精神の美質も、精神の健全、上品、義務への機敏さ、快楽への生き生きとした感覚で、身体と精神との美質のあいだに関連あるいは一致がある、と。

ベーコンの倫理学は、宗教、神学から分離し独立する傾向を示している。これは、ヨーロッパおよびイギリスの宗教改革に影響されたものである。しかし、道徳法則のある種のもの——たとえば、「あなたがたの敵を愛し、あなたがたをにくむ者のために善をほどこせ」——、最高善の完成には宗教的補充の必要性を保留し、信仰と倫理とを完全には分離しない。精神の耕作においても、精神の病気の治療には「道徳哲学は、たえず神学の教えに注意を払うべきである」、というのである。

倫理学はもっぱら相対的な此岸的世界の善を研究するが、道徳法則の大部分は自然の光すなわち人間の理性の及ばぬ完全さをそなえており、また、人間性と事物の性質に一致する自然法則であると考えた。倫理学は、人間性と自然界を観察して、それらの事実が道徳法則と一致することを例証するにある。精神の耕作においても、倫理学は神学の召使であるが、広く自由裁量が認められる召使で、人間性の観察が基礎となる。すなわちベーコンにおいては、倫理学はその問題の完全な解決のためには宗教に援助を求めなければならぬが、人間性を基礎とする独自の広い領域を持つのである。そして、個体の善よりも社会の利益と義務とを強調し、個体の善においては保存よりも完成を、完成よりは拡大をまさるとする進歩と活動主義の倫理を主張する。ベーコンはいう。「この人生という劇場では、見物人にとどまることは神と天使にだけふさわしいことである」と。

社会哲学　人間を集合的なものとして考察する、社会の哲学ないし市民学は、社会生活、政治に関する学問である。

社会団体の生活によって人間が基本的に求めるものは、孤独に対する慰安、仕事における利益、危害に対する保護である。これにしたがって市民学は、交際の学問、折衝の学問、統治の学問に区分される。それぞれ、態度の知恵、実務の知恵、国家の知恵で、いかに社交するか、いかに実務を処理し立身出世するか、いかに国家を統治するかの三つの問題に答えるものである。ベーコンにはまだ、社会団体の形態・組織・運動など、今日の社会学の取り扱うような問題は意識されていなかった。

交際の知恵は、社交における行儀作法である。すなわち談話や他人との応待の際の、礼儀正しく好感を与える態度や振舞い、上品な服装、品位あり親近感を与える顔色や顔かたちのことをいうのである。これらの知恵は、過大に心を費やすことでもなく、最高の価値あるものでもない。しかし、実際の生活において重要な効果と機能を持つもので、軽蔑してはならない。

折衝の知恵は、生活の実務を処理する知恵である。これは二つに区分され、第一は私的な用務に関して、さまざまの機会にいかに他人に忠言し助言するかの知恵で、「散在する実務の知識」とも呼ばれる。第二は、自分の運命を促進する、「立身出世の知識」である。

第一の知識は、臨機応変に他人に対して最上賢明に忠言し勧告する心術である。その実例としてベーコンは、『学問の前進』では二四、『学問の威厳と増大』では、そのうちの二つを削除し、新しく一二を加え、三四の金言をあげている。多くは聖書から得たものである。

第二の「立身出世の知識」は、運命の建築術とも呼ばれる。立身出世のためには、本質条件として、正しく公平に他人ならびに自分を評価し理解することが必要である。つぎに、自分をよりよく展示し顕揚《けんよう》する知恵を必要とする。これら二つの条件に関して、多くの典拠から抜すいした教訓をあげている。

ベーコンは、市民学の三つの知恵は今まで学問として尊重されなかった、と述べている。すなわち、態度の知恵は徳に劣るものと学者によって軽蔑され、国家の知恵は少数の者にかぎられ、実務の知恵はそれについての書物もなかったのである。その結果、「学問と実際的な知恵とは大して協力関係はない」という意見を生み、学問と学者の不名誉を招いたという。とくに、「立身出世の知識」については、こう言っている。「学問は、この運命の建築術を賞讃せず、あるいは尊重せず、それを劣等な仕事としか考えない。というのは、なにびとの幸運もかれの存在にふさわしい目的とはならず、しばしば、もっともりっぱな人々は、もっとりっぱな目的のためにかれらの幸運を喜んで捨てるからである。しかし、それにもかかわらず、幸運は徳と善行の道具として考察に値するのである」と。

社交にたけ、実務をうまく処理し、幸運を得ることは、それだけでは卑俗なことかも知れない。けれども、社会生活において、すべて人々が深い関心をよせるものであることも否定できない。そして、「幸運であることは、有徳であるのと同じくらい困難なことである。」それゆえ、これを正しい方法で解決し、正しく位置づけることが必要である。すべて、無知や無理解は誤用・悲惨を招く。人生に有用であることを学問の目的と考えるベーコンにとって、卑俗なことも学問の内容として研究に値するものであった。すなわち、「存在し作用するどんなものでも、思索に入れて理論にまでまとめられぬものはないというのが真理探求の鉄則である」と。そして、「運命の建築術」において、こう述べている。「すべて、これらは正当な術策である」と。「愛と清廉の法則を守らずにすませば、運勢を進めることはますます早く手ぎわよくなるだろう」。しかし、徳が最大に報いられると確信し、また、たとい邪悪な術を慎んだとしても、自分の幸運をたえまなく安息日なしに追求するとき、神への時の貢ぎ物が残らない。「人間は、むしろ神学と哲学との礎石である神の国と神の義と精神とのよきものの上に幸運をきずかなくてはならない」と。

政治学

市民学の第三部門は、家政や法律をも含む、政治学である。しかし、これらについて、『学問の前進』では、その内容についてはほとんど述べていない。その理由は、ベーコンの政治学に対する見解と、『学問の前進』を著作した動機から説明される。かれによると、政治学は二つの点から機密であって隠匿される学問であるという。というのは、ある事柄は知りがたいので秘密であり、またある事柄は公表するには不適当であるから秘密である。政治については、その経験のある国王や高位高官者がもっともよく知っており、一般の人の知り得ぬ事である。しかるに政治については、公表するのには不適当なものがあって、公表を好まぬものである。もちろん、統治者に対しては、すべてが明らかでなくてはならないが、『学問の前進』は、政治学の大家であり、かつ有能な補佐役も多いジェームズ一世に対して書くので、政治学については沈黙が適当である、としたのである。

ただし、公然たる法律については、これまでの著作は、哲学者としてあまりに高遠な理論であるか、あるいは法律家として現実の法律についてだけしか述べていない。そこで現在、法律はどうあるべきか、政治家としての法律論を書き始めているので、将来それを公表すると述べている。

『学問の威厳と増大』では、政治学のうち、「帝国の領土拡大論」と「法律論」が取り扱われている。しかし「帝国の領土拡大論」は、『随筆集』の「邦国の偉大について」を、ほとんどそのまま組み入れたものである。

ベーコンは、政治学には第一に国家の維持、第二に国家の幸福と繁栄、第三に国家の拡大の三つの任務があるという。その第三を、「武装した政治家」、または「国家領域拡大の理論」と名付けて述べたのである。その要点は、尚武の精神、富、階級の均衡、外来民の懐柔、軍備の強化、好機に対する備え、常備兵、海上の支配、軍功の賞揚などを強調したものである。グーチはこれを、「その理想は、剛健で富裕で、よく武装された人民に基礎をおいた、強力な軍事国家であった」、と批評している。ベーコンの理論は、当時のイギリスのおかれていた事情を反映しているとともに、マキアヴェリの「自力国家」の理論から学んだものである。当時のイギリスは、国内においてはイングランドとスコットランドの統合ならびにアイルランドの征服と植民によるイギリスの統一の機運があった。また、宗教改革にともなった宗教的、政治的紛争が断続した。対外的には、スペインとの海上支配権の争奪戦、海上貿易および植民上ヨーロッパ諸国との競争の問題があった。ベーコンの政治学は、これらの諸問題に直面しているイギリスの採用すべき政策であり、理想であった。かれは、つねにイギリスの政治を論じたのであり、イギリス以外の国家はその眼中になかった、と言ってよい。

制限王政と法律論

ベーコンは、『随筆集』の「貴族について」の論説の中で、民主国が多くの点ですぐれていると言っている。それは、国民が静かで反乱を起こすことも少なく、また、身分よりも仕事本位に人を選び、平等であるから議決も比較的公平で、税の負担にも不満がない、などの理由による。しかし、君主国よりも民主国がよいとは考えなかった。イングランドとスコットランドの統合問題に関する議論の中では、共和国と王国とを比較して、つぎのように言っている。すべての共和国は先立つ法によって存在する。すなわち、選挙によって年期をかぎって権威を授けられるもので、いそがしくて奇妙な体制である。これに対して、王国の王は法を越えた存在であり、それに対する服従は自然的であると。かれは熱誠な廷臣で、つねに王権の擁護者であったけれども、無制限の専制君主政治を主張したわけではなかった。ベーコンが率先して仕えたジェームズ一世は、王権神授説を公言した程であったし、在位二二年のあいだに四回しか国会を召集しなかった。ベーコンは王権神授説を「悲劇的な議論と確信である」として、その永久の放棄をすすめ、国会召集の必要性を説き国会との協調をすすめている。ベーコンの政治思想は、かれの学問論に比べるとはるかに保守的であったが、当時のイギリスの伝統にしたがって、国王の権力の行使は、国王の自制はもとより、国会や法律によって制限されるという制限王政であった。

『学問の威厳と増大』には、「普遍的正義または公正の源泉に関する論説の実例」と題された、一八項目に分かれ、九七の金言から成っている法律論が述べられている。

先に述べたように、政治学の目的の第二は国家の幸福であるが、法律の考慮すべき範囲は市民の幸福である。その市民の社会は、法か暴力かが支配するが、市民の幸福のためには、法の法と言うべきものに根源する法によって、法の支配が確立していなくてはならない。しかし、もし法が不確実ならば、恣意《しい》や苛酷がそのすきに乗じ、暴力と法を装う力が支配するに至り、市民の幸福は侵害される。法の基本的な威厳は、それが確実であることにある。「確実性は法律の基本的要素であり、これなくしては公正はあり得ない」と。ベーコンの法律論の中心は、法の確実性のための政治家・立法家としての論述である。法の不確実には、第一に法の規定のない場合があり、第二に法の不明確な場合がある。法の不明確は、法律の過大な収集、叙述のあいまいさ、法の無秩序な解釈、判決の矛盾などから生ずる。

第一の、よるべき法律の存在しない場合にとるべき方法として、ベーコンは三つの方策を述べている。第一は、類似判例の参照と法律の拡張解釈である。この場合、道理に従い、公共善を尊重する方向に拡張する。そして、刑法に関しては、拡張解釈すべきではないとする。第二は、法律にまで熟していない先例の援用《えんよう》である。しかし、「先例は勧告として使用されるべきで、規則と命令としてではない」。グーチは、ベーコンのこの主張をもって、ベーコンは先例の尊重に反対したとして、先例を尊重し判例を法とするイギリスの伝統に対する反動であるとする。しかし、ベーコンがここで言っている先例は、「滅多に起こらず、長期間をはさんで起こる先例で、まだ法的な効力を持たぬもの」と限定しているもので、ベーコンが先例の尊重に反対したというグーチの批評は当たらない。第三は、執政官の法廷、監察官の法廷が、善良な人間の健全な思慮分別で裁決することである。この二つの法廷は、当時のイギリスに実際あったものではないが、当時あった民事の衡平法裁判所と刑事の星庁裁判所とを思わせるものである。この二つの裁判所は、判例という慣習を起源とする普通法による普通法裁判所と、しばしば衝突することもあって、後に廃止されたものである。特に星庁裁判所は、普通法が犯罪と認めない行為を犯罪として処罰し、判決は苛酷であって、拷問を用いたと言われる。それゆえ、一六二八年の権利請願、一六八九年の権利章典を通して、近代の罪刑法定主義が確立され、星庁裁判所はベーコンの死後まもなく、一六四一年には廃止された。そういう裁判所を思わせるものをあげたことは、ただちに反動と言えないまでも、時代の動向に暗かったと言われてもしかたがないであろう。

啓示神学

神の啓示による聖なる神学は、神のことばとお告げにのみもとづき、自然の光にもとづくものではない。その点が前に述べた自然神学と根本的に異なるところである。したがって、宗教の教理については理性は沈黙するのが適当とする。それゆえ、教理の内容には直接かかわらない、三つの附属的研究を提議するだけにとどまるのである。第一は神学における理性の合法的使用の研究、第二は神の国の一致の程度の研究、第三は聖書から教理の流出についてである。

キリスト教信仰は異教と異なり、正当な限界にしたがって理性と論証の使用を認めもし禁止もする。宗教における理性の使用は二種類ある。一つは、啓示された神の神秘を考察し理解する場合、もう一つは、それにもとづいて教理と指示とを推論し誘導する場合である。前の場合は、神がわれわれの能力のところまで降りてきて、啓示と教理とをわれわれにも分かりやすいように表現するものである。この場合、われわれもまた、あらゆる方法で、神の神秘を受容し理解できるよう理性を変えるべきである。後の場合は、宗教の信仰箇条と原理とがあるべきところに置かれたのちに、そこから指示を得るため理性の推論が二次的に認められるのである。以上が、神学における理性の合法的使用の研究の要点である。

神学には、告知あるいは啓示の内容と性質との問題がある。啓示の本性の問題は、啓示の限界、啓示の完全性、啓示の取得の問題に分かれる。啓示の限界の問題とは、どこまで個々の人あるいは教会が霊感を受けるか、どこまで理性を使用してよいかの問題である。啓示の完全性の問題とは、宗教のどの点が基礎的なのか、知識の増加が信仰の完全性にどのように影響するかの問題である。基礎的な点については、キリスト者の盟約を、「わたしの味方でない者は敵である」としるしてある。しかし、基礎的でない点については、「われわれに反対しない者は味方である」としるしてある。人々を神の教会から離れさせ、教会と無縁のものとするのはどの点であり、どの範囲かを明らかにすることは、教会の平和にとってきわめて重要である。

啓示の取得は、聖書の正しい解釈に依存する。聖書の解釈には、スコラ学者のような体系的な方法がある。かれらの神学は、簡潔で力強く完全であることを求めたが、前の二つは発見できず、また、神学上の完全さとは求めてはならぬものである。これに対して、聖書の自由な解釈があるが、聖書の解釈には、つぎのことが認められなくてはならない。すなわち、聖書は、理性でなく霊感によって与えられたもので、他のすべてのものと著者の点で異なっている。聖書の著者は、栄光の国の神秘と、自然の法則の完全さと、人間の心の秘密と、未来のすべての時代と、人間には知ることのできない四つについて知っていた。それゆえ、注解者は、区別を設けねばならない。以上が、神の国の一致の程度の研究の要点である。

神学に関する書物は、論争的なもの、独断的なもの、陳腐なもの、特殊な問題を取り扱ったもの、説教風のもの、冗長《じょうちょう》なものなど数多く見られる。しかし、最初の踏みつぶしからゆるやかに流れ出たぶどう酒が、搾汁器にかけられた石や皮の味の混入したものよりもいっそう甘美であるように、聖書のゆるやかな圧縮から流出する教理は、きわめて甘美健全である。そのように、陳腐な記述でもなく、論争的でもなく、学問の方法にも傾かぬ、聖書の特別な原句の註訳と所見とを、自然に明瞭に健全に簡潔にまとめたものが望まれる。以上のようなことが、聖書からの教理の流出について名付ける研究である。

『学問の威厳と増大』では、啓示神学の部門は全体にわたって削減されている。以下は、『学問の前進』に述べていることである。

神学によって教えられるものは、一つは信仰と意見の真理の問題、つぎに祭式と礼拝の問題である。ここから、信条、律法、祭式、管理の四つの部門が生ずる。信条は、神の本性と属性とみわざと教理を含んでいる。律法は、自然法と道徳法と実定法とに分かれ、様式からは否定と肯定、禁止と命令とに分かれる。礼拝は、神と人間とのあいだの双務的行為から成っている。神の側からは、みことばの説教と秘跡とであり、人間の側においては、神の名による祈りといけにえを捧げることである。教会の管理は、教会の財産、特権、聖務と司法権、全体を指導する律法から成る。これらは、教会内の問題としてのほか、世俗国家との調和の問題が考察される。

神学の問題は、真理を教えるか、虚偽を論破するか、そのいずれかである。宗教から離れるものは、信仰の否定、すなわち無神論のほかに三種ある。それは異端と偶像崇拝と妖術である。正しい神に誤った崇拝を捧げることが異端であり、誤った神を正しい神と考えるのが偶像崇拝であり、誤った神を誤った神と知りながら崇拝することが妖術である。

学問の新しい世界

以上が、人間の知的能力によるものから、神の啓示による学問に至るまでの、知的世界の小地球儀の大略である。ベーコンは、『学問の威厳と増大』の終わりに、「学問の新しい世界、または欠けているもの」として、これまでの学問に欠けていたものを五〇項目列挙している。たとえば、異常な自然史、技術史、哲学の基礎として整理された自然史、学術史、予言史、古代寓話の哲学、第一哲学、生きた天文学、健全な占星術、自然の難問の継続、古代哲学者の意見、事物の形相に関する形而上学の部門、自然魔術、人類の所有物の目録、多用される事物の目録、人類の業績、比較解剖学、不治と宣言された病気の治療、安楽死の方法、医者の道しるべ、延命、感覚的精神の実体、感覚と知覚の相違、読み書きのできる経験、新機関、哲学的文法、善と悪との特色、精神の耕作、運命の建築家、普遍的正義の理念、神学における理性の合法的使用、などである。これらを見れば、ベーコンは人間の物質的生活の改善だけを考えていたのではないことが分かる。これらのうち、いくつかはベーコンが手がけている。自然史、古代寓話の哲学、新機関、善と悪との特色、普遍的正義の理念などがそうである。

『大革新』と『新機関』

精神の羅針盤

『大革新』は一〇項目から成る総括的な著作である。ベーコンの従者であったローリイは、この著作ができ上がるまでには、長年の検討を経ており、少なくとも一二の『大革新』の写しを見た、と言っている。著作の題名『大革新』は、ベーコンの学問・思想の全体のめざしたものを表現したものである。それは、すでにかれの学問上の野心として述べたことでもあるが、学問の全面的な大改革であり、それがもたらす人間生活の全面的変革である。それはまた、学問をかつてあった正しい姿に復帰させ、それによって神が創造のおりに人類に与えた万物に対する支配権を回復させるもので、『大革新』は『大再興』でもあった。

学問の正しい姿とは、人間の精神と自然の事物とが密接に交わっている状態をいうのであり、そういう時代は、人間の堕罪以前の原初時代に存在したというのがベーコンの確信であった。ソクラテス以前のピタゴラス、エンペドクレス、ヘラクレイトス、デモクリトスなど、初期の自然哲学者たち、さらにはギリシア民族の神話や詩人たちの寓話の時代には、自分の学問の精神が生き生きとしていたと確信していた。これらのことは、一六〇九年の著作、『古代人の知恵』のなかで吐露されている。『大革新』は、人間と自然とが密接に交わっていた原初の時代の精神に復帰し、学問が新たに出発しなおすことをめざしたものである。

『大革新』のとびらには、この書物がイングランドの大法官、ヴェルラムのフランシスの著作であることをしるしてある。そして、二本の柱のあいだを、満帆に風を張って波を切り進む三本マストの船のさし絵が書かれている。この二本の柱は、ヘラクレスが起こしたと伝承されている、ジブラルタル海峡の両岸にそびえる二つの岩山で、ヘラクレスの柱と呼ばれ、地中海の西のはてになっている。ベーコンは、このヘラクレスの柱の意味を、序文の中でこう説明する。「人々は、自分たちの現に所有する技術をあまりに高く評価して、それ以上を求めない。あるいは、自分たちの能力をあまりに低く考えて、それをつまらないことに費やし、もっとも大事なことに賭けてみないのである。このことが、学問の道に立てられた宿命の柱のようなものとなっている。というのは、人々は敢えてそのかなたに突き進んで行くように欲することも望むこともしないから」と。ベーコンは、自分の企てる大革新を、今まで越えられぬとされていたヘラクレスの柱を突きぬけて、未知の知識の大洋への航海にたとえたのであ

『大革新』のとびら

った。そしてまた、序文で言っているように、大洋の航海には羅針盤が必要であったように、知識の大洋にも人間の精神の羅針盤が必要であり、その羅針盤を与えようとしたのであった。さし絵の下にある巻き物には、聖書の「ダニエル書」、第一二章四節からのラテン語の引用句があり、それは「多くの者は、あちこちと探り調べ、そして知識は増すでしょう」という意味のものである。この予言についても、『大革新』の中の『新機関』の中で、こう説明している。すなわち、この予言は、長途の航海によって世界の開放と学問の進歩とが同じ時代に起こるように、摂理によって定められていることを示すものであると。

めざすは大事業　とびらのつぎは、著者の声明で、以下のことが強調され、この著作が大再興である意味が明らかにされている。すなわち、人間の地上的な関心の中でももっとも重要なものは、人間の精神と自然の事物との交わりを原初の状態に完全に回復することであり、少なくとも現状よりはよく改善することである。そして、これを成しとげるには、古い哲学の方法では不可能であり、学問と技術と人間のあらゆる知識との全面的な再構成が必要である、と宣言している。

つぎに、国王ジェームズ一世への献辞の手紙が書かれている。この献辞の手紙の中でベーコンは、ジェームズ一世をソロモン王になぞらえ、自然史と実験史の編集事業への配慮を願い、こう結んでいる。「さらにソロモン王の例にならわれて、自然と実験との歴史を編集し完成されるように御配慮をいただきたいのであります。そうすればついに、数世代を経たのちには、哲学と諸学問は、もはや空中に漂《ただよ》うことなく、あらゆる種類の、同時によく検討され吟味された確固たる経験の基礎の上に立つことができるでしょう。わたくしは、その機関を提供いたしました。しかし、材料は自然の諸事実から収集されなければならないのであります」と。

献辞の手紙のつぎは、『大革新』の序文となっている。序文は一般の人々に対するもので、最初に序文の趣旨をこう述べている。「今日まで知られているものとは全く別な道が人間の知性に開かれ、また、その他の援助も与えられて、はじめて人間の精神は事物の本性に対する本来の権利を行使することができるということを述べる」と。

つづいて、今まで人間が成しとげたものと人間の能力とに対するさまざまの態度、あるいは傾向に関して訓戒し、警告し、また助言を与え鼓舞している。とくに学問の目的について、こう言っている。「最後に、わたくしは、すべての人々に全般的な勧告をしたい。それは学問の真の目的を考えていただきたいということである。それは、心を楽しませるためにでもなく、論争のためにでもなく、他人に威張るためでもなく、あるいは名声、権力、その他この種の低級なもののためにでもなくて、人間生活の福利と効用とのために学問を求め、しかも愛において学問を完成し、支配していただきたいと思うのである」と。

そして終わりに、自分のめざすものは、学派や学説でなく事業であること、その事業への協力を乞い序文を閉じる。すなわち、「さて、わたくしの申し立てる要請はつぎのことである。わたくし自身については語らずにおくが、ここに取り上げられたことについては、こうお願いする。すなわち、それを単なる意見と考えずに、事業であるとお考え願いたい。そして、わたくしがある学派や学説のための基礎ではなく、人間の利益と力との基礎をすえようと努力していることが確実であると信じていただきたい。さらに、人々が自分の利益に対し公平に考え……一般の幸福と共にはかり、……この事業に自分自身も参加していただきたい。なお、希望をもって、このわたくしの『革新』を無限で人間の力を越えたものと想像しないでいただきたい。それは、実際は、無際限の誤りの正しい終局と限界であるからである」と。たしかに、ベーコンのめざしたものは、単なる書物作成ではなかった。多くの人々の協力する研究機関を設け、技術を革新して人間の新しい世界を建設する、その大事業の見取図を画こうとしたのである。その見本とも言うべきものは、晩年の著作、『新アトランティス』の中に見ることができる。

以上の序文を終えて、つぎは「著作の計画」となって、すでに述べた『大革新』の中に収められる予定で計画された六つの部門について説明している。その多くは『大革新』の現れた当時はもとより、その後のベーコンの余生においても、完成されることがなかった。

『大革新』が世に現れておよそ一七〇年後に、カントは『純粋理性批判』の第二版の最初に、ベーコンの『大革新』の序文の終わりの今あげた部分をかかげている。

新しい論理学の『新機関』

『新機関』は、『大革新』全六部の計画のうち第二部門に当たるもので、『自然解明についての一二章』と『金言と勧告』との内容および叙述を合同させて編集したものである。『新機関』という名称は、アリストテレスが論理学を学問の機関としたことに対して、新しい機関、すなわち新しい論理学であることを意味したものである。

『新機関』は、金言（アフォリズム）の形式で書かれた二巻から成っており、第一巻は一三〇、第二巻は五二の金言から成っている。

第一巻は全体の序論に当たるが、ベーコンは破壊的部門としている。金言の一から四までは人間と自然、五から一〇までは現在の学問の批評、一一から一七までは論理学の不毛性、一八から三七までは古い方法と新しい方法との比較、三八から六八まではイドラの論、六九から七七までは古い哲学の特色、七八から九二までは知識の現状の諸原因、九三から一一五までは未来に対する希望の根拠、一一六から一三〇までは読者に対する注意である。

第二巻は建設的部門で、新しい論理学の正確な規則が述べられなくてはならないわけであるが、述べられたものは全体の企画の一部分である。しかしここで、ベーコンがもっとも重要なものと考えた物体の形相発見の手続が、熱の形相の例を通じて述べられている。

『新機関』は、序言のあと、つぎの金言から始まっている。すなわち、「人間は、自然の助力者、解明者である。人間は、自然の秩序を実際に、または思索において観察したかぎりにおいて、行動し理解するだけである。それ以上は、知ることも、行うこともできない」と。

これは、人間と自然との関係についてのベーコンの基本的な考え方を示している。自然は、人間にとってどうすることもできぬ存在ではなく、人間は自然の働きに対して助力し、また解明することができる。しかしながら、勝手に助力し、独断的に解明することはできないのであって、実験や作業などによって実際に、また思索を通して理論的に自然を観察し理解しなければならない。自然と密着し、自然から学ぶことによって、初めて自然を知ることができ、自然を知ることによって、自然が人間の助力なしに行う以上のことを自然に行わせることもできるのである。自然から遊離した抽象的思考や独断的憶測によっては、人間は自然を知ることも、行うこともできないのである。

学問の正しい目標

金言、三の「人間の知識と力とは、同じ一つのものである」は、もっとも良く知られていることばである。むかし、羅針盤を知らないころは、星をたよりにわずかに沿岸を航海するだけであった。羅針盤が知られてからのちに大洋を渡って新世界の諸地域を発見したのであった。同じように、堤防・ダム・運河を造る土木工事の知識の進まぬとき、河川のはんらんに対して人間は無力であった。土木工事の知識が進むにつれ、われわれは水流をコントロールし、灌漑、飲用、水力に利用し人間の幸福を増大させる力を持つに至ったのである。

それでは、自然をコントロールして人間の幸福を増大させる力としての知識は、いかなる知識であるか。病気の原因を知らなければ、適確な治療によって効果をあげることはできない。なぜなら、「原因が知られなければ、結果を引きおこせないのであり、自然の考察において原因と認められるものが、作業においては規則の役目を果たすからである。」ベーコンのめざした知識は、自然の真の原因、あるいは自然の秩序、または法則の知識である。このような知識によってこそ、人間は自然の解明者、助力者となることができるのである。以上のことは、自然に関する知識だけではなく、すべての部門の知識についても、適合するであろう。

以上に続いて既存の諸学問の無力さと論理学の不毛ぶりを論じている。すなわち、これまでの発見は学問よりも偶然によっており、学問は新しい事物の発明や知識の発見に用をなさなかった。ただ、人間の精神の力を賞揚するだけで、精神の働きを補助する正しい手段を発見しようともせず、論理学は真理の発見よりも誤謬《ごびゅう》を強め、有用であるよりも、むしろ有害であると。

学問のこのような不毛な状態は、いろいろな原因によるが、その最大の原因は、学問の目標の置き方と、方法との誤りにある。なぜなら、「目標そのものが正しく定められないときは、正しく道を進むことはできない」からである。また、「たとい諸学問の目的や目標が正しく定められても、人々は全く誤った通れない道を、その目標への道として選んできた」のであるから。それゆえ、学問の正しい目標と、その目標への道が正されなくてはならない。

学問の正しい目標は何か。「諸学問の正しい真の目標は、人間の生活に新しい発見と力とを与えること以外の何ものでもない」。学問の目的は、新しい発見・発明によって自然に対する人間の支配力を確立、拡大し、人類の生活を向上させることにある。したがって、健全な学問の基準は、知識のための知識を求める思弁ではなく、それが産み出す成果、仕事であり、供給する――たとえば、火薬・絹糸・羅針盤・砂糖・紙・印刷術のような――発明である。

「あらゆるしるしの中で、産み出された成果以上に確実で貴重なものはない。結果と所産とは諸学問の真理の保証人・証明者である」。知識の真理性は議論ではなしに、その働きの効果によって証明されなければならない。「真理と効果とは、ここでは同一である」と。ベーコンのこの主張は、もちろん、自分の職業、利得、名声など、目先の利益のための実用主義では決してなく、また、真理の探求を軽視するものでもない。真の知識なしに自然を支配することはできないのであるから。ただ、学問の目標を正しくおくことによってのみ真の知識に到達することができ、その知識によって初めて自然を支配できるのであるから、真理と有効とは結局同じなのである。

以上に述べた学問の目的、すなわち自然に対する人間の支配力の拡大は、発見・発明なしには達成できず、発見は自然の法則を明らかにする学問なしには不可能である。自然の法則は自然の認識なくしては知られず、自然認識の唯一の道は、「人間の精神と事物との交り」、すなわち経験である。地上における、少なくともこの地上に属するいかなるものも、経験に比べられる価値のあるものはないとするのである。

経験と実験

経験は、自然の諸事物がわれわれの感官を通して受容されるもので、まさしく「人間精神と事物との交り」である。われわれの自然に関する知識は経験とともに始まり、経験の事実の中にこそ、自然に関する概念、自然の原因、法則も隠されているのである。経験を離れてこれを求めても空想的概念の徒労に終わるだけである。「希望が持てるのは、諸学問の再生、すなわち諸学問が経験から出発して秩序正しく築きあげられ建てなおされることにだけある」。

発見ないし発明によって自然を支配する学問の出発点は経験にあるが、いかなる経験でも自然の正しい概念や原因、法則に導くわけではない。経験はおのずから起こるものは偶然と呼ばれ、求められたものであれば実験と呼ばれるが、偶然と呼ばれる経験は知識に対して全く無効である。すなわち、「この種の経験は、ひものとけたほうきのようなもので、全くの暗中模索である」。自然は、これに従うことによってのみ支配できるのであるけれども、これは、われわれが全く受動的、盲目的に経験にたよることではない。われわれが自然に働きかけるとき、これに対して自然が反作用をし、放っておかれたときよりも、いっそうよく自然の正体をあらわすものである。これが能動的な、求められた経験としての実験の大きな価値である。「経験こそ、他のものよりもずっとすぐれた論証である。ただし、それがどこまでも実験であるかぎりである」。

ベーコンの実験というのは、研究者の実験室における、いわゆる実験はもとより、農業や製造業において農夫や職人の実際に行う耕作や加工の技術を含む広いものである。実験は、いわば自然に干渉し自然を強制し拷問するもので、「自然の秘密はまた、その道を進んで行くよりも、技術によって苦しめられたとき、いっそうよくその正体をあらわすものである」。ベーコンのいう経験とは、この種の実験である経験をいうのである。

経験こそすぐれた論証であるが、「現在、人々が使っている経験の方法は、盲目的で愚かしいものである。したがって、定まった道なしにさまよい歩き、たまたま出くわしたものだけに頼るので、あちらこちらと引き廻されるが、ほとんど前進しない」。偶然と呼ばれる経験はもとより、実験であっても無方針で乱雑なものは、暗夜にそこらじゅう探してみる、すなわち暗中模索で進むようなものである。これよりも多少ましな行き方は、自分では分からぬが、他人に手を引かれて進むことである。これは、以前の技術による実験をもとに、「ある技術の実験を他の技術に移すだけで、人間の生活と状態に有用な多くの新しいものが発見される」方法である。ベーコンは、これを「読み書きのできる経験」と呼んでいる。しかし、最も賢い行き方は、日の昇るのを待つか、燈火をともして進むことであるように、「正しく秩序づけられうまく整頓され、さかさまや乱雑になっていない経験から始めて、それから一般命題をひき出し、そして次にうち建てられた一般命題から新しい経験をひき出す」方法である。経験を正しく進めて新しい成果をあげるには、神の知恵を模範とし、「どんな経験からも、まず第一に真の原因と一般命題との発見に努め、そして成果のための実験を求めずに、光のための実験を求めなければならない」。「読み書きのできる経験」は、既知のものを応用して有用なものを生ずる、「成果をもたらす実験」であるが、全く新しいものは産まない。「光をもたらす実験」は、自然の原因をあらわにするもので、それによって最終的にはより多くの成果をもたらすものである。

真理探究の二つの道

「成果をもたらす実験」は、農夫・職人などの自然処理のことで、小さな改良が本筋である。「光をもたらす実験」は、科学的発明家の自然に対する働きかけのことで、自然の真の原因を知り、新しい多くの成果を生む。ベーコンは、発明を職人の手から科学の方法に移そうとしたのであった。それでは、実験から、いかにして自然の真の原因、一般命題を引き出すのか。経験から真理を探究し発見するのに、二つの方法がある。一つの道は、感覚と個別例から、いきなり一般命題にまで飛躍し、これらの一般命題を不変不動の真理として、それから判断して中間命題を発見する方法である。この方法が、現在まで一般にとられている方法である。もう一つの方法は、感覚と個別例から一般命題をひき出すことは同じでも、一歩一歩と連続的に昇って行って一般命題に至り、最後にもっとも一般的な命題に達するものである。これが正しい方法であるが、まだ試みられていないという。さきの方法をベーコンは「自然の予見」と呼び、あとのものを「自然の解明」と呼ぶ。

「うえの二つの道はいずれも感覚と個別例とから出発して、もっとも一般的なものに至って安んずるが、しかし両者の相違は無限である」。「自然の予見」は、感覚や個別例から一般命題を推理する仕方が「軽率で早まったもの」であるから、ベーコンがこの名をつけたのであった。「自然の予見」の誤りは、「軽率で早まったもの」であることから生ずる。まず第一に、それは「通りがかりに経験と個別例に軽く触れる」だけで、事物の概念を定めてしまう。したがって、その概念は不明確で、空想・錯誤《さくご》にみちている。ところで推理は命題から成り立ち、命題は判断を語であらわしたものであり、その語は事物の概念を示す記号である。もし概念自身がこのように錯誤しているとすれば、その上の建築物はとうてい堅固なものではあり得ない。これが根本的な誤りである。第二に、「自然の予見」は、「少数の大てい日常的な感覚と個別例から、いきなり一般命題を推論する」。このことも、概念をひき出す場合に劣らずひどいもので、その一般命題は抽象的で、新しい成果の発見に少しも役に立たないものである。第三に、「自然の予見」も、うちたてた一般命題を不動の真理として、そこから中間命題や個別例をひき出す。しかし、その一般命題がいま述べたように、少数の日常的なものの寸法によって作られているから、新しい個別例には達しない。日常的なものは、たやすく「知性をすぐ動かし想像力をみたす」から、人々の同意を得るだけの力を持っているのである。「人々は、同じ仕方で一様に気が狂っていても、たがいにうまく意見の一致することがあるからである」。このような「自然の予見」に対して、「自然の解明」は、十分な経験を秩序正しくゆっくりと取り上げ、一歩一歩のぼって、最も一般的な命題に達する。そうしてそこから、新しい個別的な事例を発見するのである。この「自然の解明」の正確な順序正しい過程が、ベーコンの『新機関』である。

アリストテレス

ベーコンとアリストテレス

以上の「自然の予見」と「自然の解明」との対比は、アリストテレスに代表される古い論理学と、ベーコンの全く新しい論理学の差異を示すものである。ベーコンは、アリストテレスの偉大さを疑ったわけではないが、著作のいたるところでアリストテレスを批判し非難し、かれの用語を借りながら、別の意味に使用している。形而上学という用語は、アリストテレスの著作の編集から初めて使用されたもので、それは、変化し経験できる自然的存在を越えた、存在するもの一般にわたる原理を探究する学問である。これに対してベーコンの形而上学は、自然学の一部門で、形相因と目的因とを探求する部門である。また、形而上学はアリストテレスが第一哲学と呼んだものと同じものであるが、ベーコンの第一哲学は、諸学問に共通する高度な意見や一般命題を取り扱う学問である。

ベーコンのアリストテレスに対する非難の最大の理由は、アリストテレスの学問の方法が抽象的で、その論理学は新しい発明・発見に対して全く無効である、ということであった。それは、議論に強くなるという目的には有効でも、ベーコンがめざす生産のための新技術を産み出すことはできないというのである。

ところで、推論には二つの区別がある。帰納《きのう》と演繹《えんえき》との二つで、この二つの区分をおいたのはアリストテレスである。帰納は個々の事例から一般命題をひき出すもので、演繹は一般命題から特殊的命題をひき出すものである。演繹はまた、三段論法とも言われる。「自然の予見」も「自然の解明」も、いずれもまず、感覚と個別事例から一般命題をひき出す。その過程は帰納推理である。つぎに、その一般命題からの下降は演繹推理である。ベーコンは、アリストテレスの推論の二つの区分や、演繹の規則について異論を唱えることはなかった。ベーコンが改革し、それをもって学問のすべてを改革しようとしたのは帰納的方法についてであった。しかしながら、演繹的方法が前提とし、論拠とする一般命題は、演繹的方法によっては証明されず、まず帰納的に個々の事例から一般命題を立てなければならない。もし、そのさい帰納が十分な事例によらず、また、秩序正しく行われないとするならば、その一般命題は役に立たないものである。したがって、「唯一の望みは真の帰納法にある」。

それでは、真の帰納法に対して、アリストテレスの帰納法の欠点はどこにあるか。帰納は、感覚とその対象から出発して一般命題に至るものであるから、その過程は四段階ある。したがって欠点も四つにまとめられる。第一に、感官はそのままでは不十分なもので、見たり聞いたりできないものもあるし、しばしば欺《あざむ》くものであるのに、感覚に対する補助手段も用いず、欺かれないよう補正していない。したがって、感官の印象そのものが不十分である。第二に、知識は対象から受け取った印象そのままから成るものではなく、印象からひき出した概念から成るものである。ところが、その概念が印象から正しくない方法でひき出されているので、不明確で混乱している。第三に、諸学問の原理を、それを肯定する事例のみを単純に数えあげる、いわゆる単純枚挙《まいきょ》によって決定する。したがって、その他の事情は同じでも、結論において一致しない一つの否定的事例によって、簡単にその原理はくつがえされてしまう。たとえば、「牛・羊・山羊・鹿は反芻する。牛・羊・山羊・鹿は角《つの》を持つ」から、「すべて角を持つ動物は反芻する」と結論したとする。この一般命題は、犀《さい》のように角があっても反芻しない一例によって否定される。すなわち、当然なすべき否定的事例による排除の方法、自然の精密な分解を用いていない誤りがある。第四に、帰納によって得た一般原理にあてて中間的一般命題が吟味され証明される場合に、その吟味と証明に使用される発見と証明の方法とが間違っているのである。

ベーコンがもっとも非難し批判したのは、アリストテレスとその学派であるが、その他の学派ももとより誤りであるとする。

アリストテレスとその学派は、多くの経験から、よく確めもせず、注意深い調査を行うこともなしに、ありふれた事例を集めて、その他のものをもっぱら思考と精神の予見にゆだねる、合理派の哲学の代表である。

もう一つは、錬金術師たちがその実例である経験派の哲学で、きわめて少数の実験に努力しただけで、大胆にきわめて多くの帰結をひき出す。

第三の類は、迷信や信仰を哲学に混入するもので、ピタゴラスやプラトン学派に見られる迷信的哲学である。これらは、空想によって虚妄の哲学を作りあげている。

第一の種類の哲学は、自分の体から糸をはき出して巣を作るクモのようなもので、その結論は詭弁的、独断的である。第二の種類の哲学は、アリのように手あたり次第に集めて使うものである。正しい道は、このクモとアリの中間の道で、材料を庭や畑の花から集めながら、それを自分の力でこなして蜜に変えるハチの道である。すなわち、ただ精神の力にたよるのでもなく、また自然史や実験から提供された材料をそのまま貯え使うのでもなく、それらを知性によって変化させ加工して貯えるのである。これら合理的能力と実験的能力との、二つの能力の緊密な結合こそが正しい道で、希望の持てる道であるとベーコンは言う。

さきに述べたように、ベーコンは論理学を発明と判断と保管と伝達との四つの部門に区分した。そのうち、発明の部門がもっとも重要である。

論理学の機能

保管と伝達との部門は、すでに発明されたものの保管・伝達であるから、論理学の消極的部門である。しかし、長い時代にわたる多くの人々の観察や実験が知識の貯蔵庫に貯えられて、経験的方法は初めて真価を発揮する。ベーコンが、ギリシア・ローマの時代よりも自分の時代こそ、希望の持てる時代としたのも、知識の貯蔵の豊富さを前提としたものであった。保管は、記録か記憶かであるが、記録は記憶を大いに助けるもので、記録されぬ証拠は許されない。これは、「自然の解明」においてとくに重要である。ベーコンは、この記録された経験をも、実験の応用という意味の先に述べたものと同じ名称、「読み書きのできる経験」と呼んでいる。発明の部門も、自然史・実験史の収集がなければ働くことはできない。それゆえ、保管・伝達の部門も、意味の軽い部門ではないが、機能において消極的である。発明と判断とは、理性の普遍的な精密な使用に関する部門で、論理学の積極的部門、あるいは本来の論理学ということができる。

本来の論理学は、三つの主要な機能に区分することができよう。その一は、偏向しゆがんでいる人間の精神を正しくすることである。第二は、人間の精神の能力の弱点や欠陥を補助し補充することである。これらがなされた後に、第三として、発明の積極的方法によって理性を援助することがある。すなわち、破壊的部分と補充的部分と建設的部分の三つである。破壊的部分はイドラの論である。補充的部分は、感覚と記憶と理性との強化、補充である。建設的部分は、「新機関」すなわち新しい帰納法の適用である。

真理の道を妨げるイドラ

イドラの論は、ベーコンの初期の著作にすでに見られ、その後のさまざまの著作で絶えず強調され変容されて、『新機関』において十分に説明されている。

イドラは、「偶像」と訳されるが、ベーコンはイドラという名辞のほかに、これに当たるものとして、「誤った幻像」、「誤謬《ごびゅう》」とも呼んでいる。ベーコンが、『学問の前進』において、「洞穴のイドラ」――「誤った幻像」という用語によってであるが――について語るとき、プラトンの洞穴の比喩について語っていることから、イドラという名辞をプラトンから借りたと考えられる。プラトンはこれを、真の実在に対する移ろいやすい影とした。ベーコンもイドラを、幻像・誤謬とする点では共通である。しかし、種々の根源から生じて、移ろいやすいどころか、抜本の困難なほどに人間の精神に固着して、真理への道を妨げるものなのである。

イドラの論がもっとも早く見られる一六〇三年の『時代の雄々しい誕生』には、劇場のイドラ、市場のイドラ、洞穴のイドラの三つが、この順序で見られる。同年の『ワレリウス―テルミヌス』では、種族のイドラ、宮殿のイドラ、洞穴のイドラ、劇場のイドラの四つをあげている。宮殿は、英語の"Palace"で、市場"Place"の誤写と考えられるので、ここで四つのイドラの名称が、『新機関』に述べられる順序とは異なるけれども、出そろった。

一六〇五年の『学問の前進』では、イドラという名辞でなく、「誤った幻像」という名辞であるが、劇場のイドラに当たるものが欠けている。一六〇七年の『概略と議論』では、市場のイドラに当たるものが欠けている。配列の順序にも変遷があるが、『学問の前進』では、生得的なものと後天的なものとの二大区分の意図が見られ、『概略と議論』では、偶有的なものから生得的なものへと逆の順序である。

変遷を経て、『新機関』のイドラの論が最終のものと言ってよかろう。それは、人類に共通な種族のイドラ、個人に特有な事情からくる洞穴のイドラ、悟性にひそかにしのび込んだ市場のイドラ、生得的でもなく、しのび込んだものでもない劇場のイドラの四つで、生得的なものと後天的なものとの区分に従っている。

四種のイドラ　種族のイドラは、その根源を人間性そのものに持つので、人間という種族または類に共通のものである。というのは、人間の感官や知覚は鈍く無力であり、見えぬものは観察できぬし、また、事物の重要さよりも刺激の大きさに左右されるものである。あるいは、宇宙になぞらえてでなく、人間になぞらえて宇宙をとらえ、事物の本性に自分自身の本性をまじえて、事物の本性をゆがめ変色させてしまう。

たとえば、人間の知性は、実際に見出される以上の秩序正しさと等しさとが諸事実のあいだに存在すると考える傾向がある。また、事物の観察から得た証拠によって結論を制限し、思考を停止させることができないために、時間の無限延長や線分の無限分割を考えたり、因果関係を越えて遠くのものを求め、かえって身近な人間性による目的因にたちかえるのである。また、人間の知性は、一斉に、突然に刺激するものに最も動かされ、これら少数のものに他のすべてのものが似ていると想像してしまう。そして、一度ある考えを受け入れると、反対の事例を無視し見逃す傾向がある。否定的事例よりも肯定的事例によって、いっそう強く動かされるのが人間知性の固有の誤りである。人間の知性は、決して乾いた光ではなく、意志や感情によってしめらされ、染められるものである。以上のように、種族のイドラは、人間の感官の無力から、精神の実体の均一であることから、たえず動き落ちつかぬことから、印象の受け方から、先入見を持つことから、あるいは感情や意志で染めることとから生ずる。

次に洞穴のイドラは、各個人のイドラである。すなわち各個人は、各人に固有の心身の特性・教育・習慣・偶然的な事情などから、自然の光を妨げる個人的な洞穴のようなものを持つことから起こるものである。これは、半ば生得的で、半ば後天的である。

このイドラは多種多様であるわけだが、その一つは、各人が主として関心をよせているものへの愛着から、他のものをゆがめ着色することとから生ずる。たとえば、アリストテレスは論理学を偏愛して、自然哲学をその奴隷とし、ギルバートは磁石の研究に熱中し、そこから哲学の体系を作りあげた。

第二は、人々がそれぞれ特定の事柄に適した精神傾向を持つことから生ずる。すなわち、ある人は事物の差異点に、他の人は類似点の観察に適している。また、ある人は古いものを、他の人は新奇なものを偏愛して、うまく中庸を守ることができない。また、ある人は自然を全体として考察しようとして知性をぼやけさせ、他の人は自然を微細に分割しようとして知性を分散し断片的にする。自然の真実を探求する者は、自分の知性の強く関心をよせるものは何でも疑ってかかり、知性が一方に片よってしまい汚されないように用心することが必要である。

三つ目の市場のイドラは、もっともやっかいなものである。これは、生得的なものではないが、人々が日常に使用する言語と事物の名称との連合によって、ひそかに知性に侵入したものである。言語は、ちょうど貨幣のように、人々のあいだを流通するから、市場のイドラと呼んだのである。

人々は、理性が言語を支配すると信じているが、言語が知性に反作用して知性を動かすこともあり、そのことのために、諸学問を詭弁的にし、また無能無用にするのである。言語は、だいたい、一般人の知性にわかる区画によって事物をわけるので、鋭い知性の観察によって、もっとたしかな事物に合わせた区画をしようとすると、言語がそれに異議を唱える。そのため、学者の討論はしばしば言語の名称の論争に終わるのである。

市場のイドラの一つは、空想的な仮定のほかに対応する実在のない名辞から生ずるもので、運命、原動者、遊星の天球、火の元素など、根拠のない学説から起こった作りごとである。もう一つは、実在するものの名辞であっても、混乱しており限界が不明確で、軽率に事物からひき出されたものから生じた、作用や性質に関する名辞がこの例である。

市場のイドラを避けるためには、われわれが個々の事例とそれらの系列・順序にたちかえって、正しい帰納によって概念や一般命題をひき出さなければならない。

最後に劇場のイドラは生得的なものでもなく、また知性のうちにひそかに侵入したものでもない。哲学のさまざまの学説と誤った論証の法則から、むしろ公然と侵入し、真の認識からはずれた方向へ人々をそらすものである。これまでの哲学は舞台で上演された脚本のようなもので、架空の芝居がかった世界を作りあげて人々をひきつけた、と考えることから劇場のイドラと名付けられたのである。ベーコンはこれを、学説のイドラとも呼んでいる。

誤った哲学を大別すれば、根拠がないのに仮定し主張する独断的哲学と、悪意の疑問による懐疑的哲学との二つとなる。独断的哲学はさらに、通俗的で吟味されていない経験を普遍的な意見に仕上げるか、あまりにも狭い経験によるか、あるいは経験をまったくかえりみず、宗教的信仰と神学的伝説によるかにわけられる。第一の類はアリストテレスの詭弁的、合理的哲学であり、第二の類は錬金術師たちの経験的哲学、第三の類はピタゴラスやプラトンに代表される迷信的哲学である。

プラトン学派に見られる懐疑的哲学は、真理の発見に絶望させ、きびしい探究の道を放棄させる。つぎに、論証はそれ自身一つの学問である。というのは、論証がどうあるかによって、哲学と考察も正しくなったり誤ったりするからである。ところが伝統的論理学の論証は、世界を人間の思考に、そして思考を言語に隷属させるほかには何もしない。こうした誤った論証は、イドラの要塞のようなものである。

批判哲学の萌芽

イドラの論は、議論における成功をめざす伝統的論理学に対して、自然を支配するための技術の発見をめざしたベーコンの新しい論理学の不可分の部分である。イドラの論は、人間の精神の自然、世界に対する関係は、あるべき正しい姿にないという確信に立っており、この確信はベーコンのキリスト教信仰と知識の理想と一致している。すなわち、人間の精神が創造主の手から出た時は、自然と世界の純粋で根源的な知識を与えられており、人間使用のための天と地とを正しく映す鏡であった。しかるに、道徳的知識の野心と支配欲によって堕罪すると同時に、人間の精神は、天と地のゆがんだ鏡となって、事物の光を曲げるに至ったのである。以来、自然の考察によって神の秘密をさぐり自ら神のようになろうとして、人間の精神は世界に似せた奇怪な世界を作りあげ、錬金薬をもって額の汗と信じて来たのである。創造主より恵まれた純粋な自然の光によってでなく、自分の臆説《おくせつ》に合わせて、世界を仕上げて来たのである。人間の精神が、再び正しく世界を写し、人間の精神と自然との純粋で神聖な交りを回復するためには、これら奇怪な作りごとの世界と憶説とを、まず破壊しなければならなかったのである。

以上のベーコンのイドラの論についてファウラーは、「『新機関』のもっとも重要な部分の一つである」と、ベーコン哲学における重要性を指摘している。ソーレイはイドラの論に、ベーコンの独創性と洞察力とが示されていると批評している。ファリントンは、「これら誤った観察に対するベーコンの分析は、真理の探究者に対して、もっとも価値ある援助として一般に認められてきた」と、その永続的価値を認めている。そしてヘフデングは、「ベーコンのイドラの論は、批判哲学の一篇――すなわち、知識の主観に属するものと、宇宙に属するものとのあいだを区別する試みである」と、イドラの論に批判哲学の萠芽を認めている。

ベーコンとカント

ベーコンは、学問を自然に対する人間の支配権の拡大、人生に有益な発明に対して有用ならしめようとした。すなわち、学問を学派の問題ではなく、人生の問題に置きかえようとし、そのために過去の学問を検討し、批判したのである。そして、イドラの論においては、われわれの認識能力を検討して、批判されず補助を欠いた人間の認識能力がいかに不十分であるかを指摘した。その不十分な認識能力に依存する哲学が、一方において経験の基礎の不確実なアリストテレス派の詭弁的合理的哲学、狭い経験に依存する経験的哲学、経験をまったく除外する迷信的哲学、総じて独断的哲学か、他方においては、あらゆる思考を無効とするアカデメイア派の懐疑的哲学に至ることを警告した。そして、精神の力にたよるだけでもなく、また、実験から与えられた材料をそのまま使うのでもなく、両者を緊密に結合させた中間的な道を正しい道としたのであった。

カント

　これに対してカントも人間の理性能力を批判し、そのために批判哲学と呼ばれるが、それは、ある学派や学説の是非の批判のためではなく、知識の確実な根拠を探究して、哲学そのものを批判的たらしめようとしたのである。そして、ヴォルフの合理論とヒュームの経験論とのいずれをも無批判なものとしてしりぞけ、両者の中間とも言える、理性の先験的能力を認めるとともに、認識の材料は感覚を通す経験からのみ与えられるものとした。ベーコンの学問改革計画とかれ以前の学問との対立関係は、カントの哲学とかれ以前の哲学との対立関係ときわめて似たものがある。また、ベーコンが自然に対する人間の支配権の拡大を考えたのは、経験的、現実的に人間の自由を促進しようとするものである。これに対してカントは、人間の理性能力によって、人間の自然に対する優位と人格の自由を理論的に確立した。先に述べたように、カントが『純粋理性批判』の巻頭に、ベーコンの『大革新』の序文の一部をかかげたのは、両者の関心に深く共通するものがあったからであろう。

精神の補助　論理学の破壊的部分によって、精神から最初の三つのイドラができるかぎり緩和され排除され、ついで誤った哲学と論証の方法が一掃されたならば、建設的部分すなわち「自然の解明」に進まなくてはならない。そして自然のままの人間の認識能力には欠陥があることが明白であるから、これに対する対策を考えなくてはならない。これが補助的部分で、感官と記憶と知性との三つに対する補助がある。

自然の解明は、すべて感官から始まるが、感官には積極的ならびに消極的欠陥がある。積極的欠陥は、感覚には主観的要素があってあるがままの自然でなしに、特定の器官が刺激されるままに自分自身の性質を混入して自然を映すことである。消極的欠陥は、感官がきわめて狭い範囲の刺激にだけしか反応しないことである。すなわち微妙なもの、遠くのもの、早いもの、遅いもの、弱いもの、強烈なものなどは観察できないのである。

これらの欠陥に対する補助は、適切な自然史と実験史とを十分に準備することである。『大革新』の第三部門がこれに当たり、これを用意することによって感官が勝手に作ることを抑制するというのである。とくに感官の消極的欠陥に対する補助としては、『新機関』第二巻の三八から四三の金言にわたって説明している五種の事例である。第一は、「戸口あるいは門口の事例」といい、感官の直接のはたらきを強化し拡大し是正するものである。視力を助ける顕微鏡・望遠鏡・測量器具などのようなものがこれである。第二は、「召喚的事例」と呼ばれ、直接には感覚できないものを感覚できるようにする手段である。たとえば、対象が遠く離れていて知覚できぬ場合に、遠くから感官を刺激し得る別の対象と結合したり、あるいはそれによって代用する方法である。のろしやベルによって遠くから通信するなどがその実例である。第三は、最後か一定のときのほかには、大部分が観察されない事物と運動との継続的過程、あるいは系列を指示することで、「道路の事例」と呼ばれる。たとえば、植物の発育の研究のために、播種《はんしゅ》してその成長の過程を観察し、卵の孵《ふ》化の研究によって動物の胎児の成長を知るなどである。第四は、感官が全くたよりにならない場合に、何か代用物を供給するもので、「補足的または代用的事例」と呼ばれる。たとえば、われわれは熱を伝導しない物体を知らないが、石は空気よりも伝導しがたいものである。石あるいはこれに類似のものの研究から、熱を伝導しない物体（もし、そういうものがあるとすれば）に次第に接近できるであろう。以上のような例のことである。第五は、感官に自然のきわまりない微妙さを想起させ、それへの注意と観察と十分な研究とを思いたたせるような事例で、「解剖的事例」と呼んでいる。たとえば、一滴のインクが多くの文字や行に広がり、銀が長い針金にメッキされるなどがその実例である。以上の五種の補助の事例は、総括して「ランプあるいは最初の報告の事例」と呼ばれる。

記憶に対する補助は、観察を記録する方法と、その記録を必要な場合に利用しやすい形の整理表に作成することである。というのは、自然史と実験史とは多種多様で乱雑であるので、適当な順序に整理されて展示されなければ、かえって知性を当惑させ混乱させるからである。それゆえ、知性が事例を取り扱うことができるように、整った方法で事例の表を作り対照させる必要がある。この整理表の仕事は、『大革新』の第四部門、すなわち『知性の階段』の仕事である。

最後の知性に対する補助というのは、真正で合法的な帰納法の使用をいう。したがって、この補助的な部門は論理学の建設的な部分と明確に区別することはできないから、かれの帰納法の適用について述べることが、この補助的な部分を含むことになる。

形相の意味

形相を探究する形而上学が知識のピラミッドの頂点に近く位置されるように、形相はベーコンの自然哲学の究極問題である。のみならず、形相の発見は、あらゆる探究の中でもっとも価値あるもので、ベーコンの学問全体の目的でもあった。「与えられた性質について、その形相、あるいは真の種的差異、ないし性質を産む性質、ないし性質の流出の源泉（これらは、事柄を説明するのに、もっとも適切な名辞である）を発見することは、人間の学問の働きであり、目的である」と。かれが改革を企てた発見の方法としての論理学も、もとより「他のすべてのかぎ」であるが、特に形相の発見のためにこそあって、ベーコンの学問の全努力は形相の発見に集約されるのである。

形相についてのベーコンの説明は、『学問の前進』、『新機関』、『学問の威厳と増大』などに見られるが、大別して二つの意味が認められる。

第一の意味は、すぐ前の引用文に見られるように、形相とは、種的差異、性質を産む性質、性質の源泉である。すなわち、Aという性質の形相は、Aという性質を他のB・Cなどの性質から真に区別するもので、Aという性質をAたらしめるもの、すなわちAの種的差異である。しかし、Aという性質の形相は、Aという性質と同等のものではなく、Aという性質を産み出すところの性質（能産的自然）であって、Aという性質を生じさせる源泉なのである。したがって、Aという性質の形相とAという性質との関係は、つぎのようになる。「ある性質の形相は、その形相が与えられると、その性質が必ず生ずるようなものである。それゆえ、形相は、その性質が存在するときには常に存在し、その性質の現存を普遍的に暗示し、その性質のすべてのうちに内在する。また、形相は、それがなくなると、その性質が必ずなくなるようなものである。したがって、その性質が存在しないときには、その形相はつねに現存しないで、その性質の現存を常に否定し、ただその性質のうちにのみ存在するのである」と。つまり、ある性質の形相は、その性質の普遍的必然的原因なのである。

形相は真の種的差異、性質を産む性質、性質の源泉という説明は、物体または事物のある性質は従属的性質にすぎず現象的であり、物体の本質的属性として実体に属する性質から生じた必然の結果である、という考え方から生まれたのである。われわれが感覚に感ずる物体の現象的あるいは可感的性質の差異は、主観の偶然性を考慮したとしても、実体の何らかの差異に対応するはずである。異なった実体の性質の差異に対応して、その原因となるものをベーコンは形相と呼んだのである。たとえば、熱の形相は、熱の本質的属性を生ずる原因で、他のものから熱を本質的に区別するものであるから、熱の真の種的差異である。

つぎに形相は、法則あるいは純粋作用の法則と説明されている。すなわち、こう言うのである。「わたくしが形相について語るときは、熱や光や重さのような何らかの単純性質を、これらを感覚し得るすべての種類の物質や対象において支配し構成する、純粋作用の法則と限定のみを意味するのである。それゆえ、熱の形相あるいは光の形相は、熱あるいは光の法則と同じものである」と。

しかし、この法則ないし純粋作用の法則は、近代の自然科学における法則——事物の間の普遍的で必然的な関係——とは異なっている。ベーコンは熱の形相を、「熱とは、膨脹する、抑制された、衝突し合う、粒子の運動である」と言っている。また、白あるいは黒などの色彩の形相は、充実した分子のある配列であると言っている。これが形相であり、法則なわけである。しかし、これらはむしろ（その内容の適否は別として）、事物の定義である。ベーコン自身、形相は事物の真の定義であるとも言っている。けれども、運動の定義と運動の法則とは同じではない。ただ、ベーコンは、形相は法則でもあり、定義でもあるというのである。

形相は、いかなる意味で法則であるのか。熱あるいは色彩の形相でいうならば、それらの形相、すなわち粒子または分子のある種の運動あるいは配列は、熱あるいは白さと一致して、熱あるいは白さを生じさせる。熱と白さのあるところには、必ずこの運動と配列がある。この粒子または分子の運動あるいは配列の特質は、熱あるいは白さという性質が発生する必然の原因であり、熱あるいは白さを現出させるためには、人は必ずこれらの形相の条件を満たさなければならない。ベーコンにおいては、形相は、ある性質を発現させ産出するために、必ずその内容を満たさなければならない指針、条件という意味での法則なのである。

単純形相と複合形相

「わたくしは今、複合形相について述べているのではない。複合形相は、宇宙の通常の過程にしたがって諸単純性質が結合したもので、たとえばライオン・わし・ばら・黄金その他の形相のようなものである」。このように、形相には単純なものと複合的なものとがあり、単純形相のみが問題の形相である。単純形相は、『学問の威厳と増大』では第一級の形相とも呼んでいる。複合形相は、単純形相が知られるならば必然に知り得るものである。単純形相は単純性質の形相で、ベーコンのあげる例では、感覚、随意運動、発育、色彩、重さ、軽さ、濃密、稀薄《きはく》、熱、冷、光などの形相である。そして「単純性質の形相は（アルファベットの文字のように）、その数は少ないが、すべての実体の本質と形相とを構成し、支える」のである。

ベーコンが単純性質の例としてあげたものは、その基準も不明であるし、奇異に感ずるものもある。しかし、ベーコンはこれら及びその他の少数の単純性質と単純形相によって、すべての物質を説明しようとした。すなわち、物質界は多様な種類の実体から構成されているが、おのおのの種類は比較的少数の単純性質によって他のものから区別できる。例を黄金にとるならば、「黄色、一定の重さ、一定の展延性、固結性、一定の流動性、特定の手段による熔解性などの黄金の特性の合一」と見なされる。これらの性質を持つものは、黄金のその他の性質、すなわち第二次性質も持つであろう。見掛け上は多種多様な物質界も、比較的少数の単純性質とその形相の合成から生じた、比較的少数の種的実体の混合、組合せであるとする。

それゆえ、もしわれわれが、この比較的少数の単純性質とその形相、これらの性質と形相をつけ加える方式や性質の割合、加減の方法などを知ることができれば、黄金を合成することも、さらに天然にない物質を合成することもできるわけである。この形相の知識を応用する部門は、自然哲学の自然魔術である。そこでは、たとえば「重さ、色の本性を知り、ハンマーでたたいて、しなやかさ、もろさの本性を知り、火にかけてみて揮発性と不揮発性の本性などを知っているひとは、ある金属に、上に述べたような性質を産出するにふさわしい仕掛けによって、黄金の性質と形態とをつけ加えることができる。それは、いく粒かの薬を投げ込んで、たちまち、多量の水銀や他の物質を黄金に変えるというようなことよりも、ありそうなことである」。

展示の表と排除の表

単純形相の探究の順序を、ベーコンは、熱の形相の発見手続によって示した。熱を単純性質とする根拠は示されていないが、古代ギリシア以来、土と水と空気と火とが四つの元素とされたことに無関係ではなかろう。

第一に、熱の存在する数多くの事例の収集である。ベーコンは、太陽の光線や焔から、きびしい寒さの時に感ずる焼けつくような感覚にいたるまで、二七の事例を示して、「本質と現存の表」と名付けた。これは、単純枚挙《まいきょ》であるが、広く多様であり、いずれも、熱とそれを熱く感ずる感覚現象とが現存している例である。

つぎに、熱の欠如している事例を知る必要がある。このような事例は際限なくあり得るし、それらをすべて数えあげるのは無益なことである。これらの事例は熱の形相と直接のかかわりがないから。それゆえ、その他の性質では熱の存在する事例と似ているが、ただ熱が現存していない事例を、肯定的事例に添えてあげるべきである。たとえば、太陽の光線は熱を示すが、同じ天体でも月や星やすい星の光は熱く感じられない。ベーコンは、第一の「本質と現存の表」に添えて、この種の三二の否定的事例をあげ、「近接したもので熱の本性の欠けている事例」と呼んでいる。この事例の意義は、性急に手もとの肯定的事例から結論を引き出すことを警戒することにある。

第三に、熱が異なった程度で存在する事例を収集し展示する。たとえば、動物の熱は運動によって、摩擦熱は摩擦の強さによって変わるなど、同一のもので熱の増減を比較するか、あるいはさまざまの物において熱の度合を比較することによって作成される。これを「熱の程度あるいは比較の表」と呼び、四一の事例をあげている。

上の三つの表を知性のまえに展示したのち、熱の形相に関係しないような性質を排除する作業にかかる。すなわち、熱の存在する場合には見出されないような性質、熱が存在しない場合に見出されるような性質、熱が増加するときに減少する性質、熱が減少するときに増加する性質、これらを一つ一つ除外する。このような熱の本性と矛盾する性質の排除は、上の三つの表のいずれの表によってもよいし、それらの表に含まれる事例のいずれか一つだけでも十分である。たとえば、熱い鉄は他の物体に熱を伝導するが、自身の重量は変わらない。それゆえ、熱は他の熱い物体の実体の分与や混入であるということは除外される。ベーコンは実際に一四の除外の例を示し、「熱の形相から、いろいろの本性を排除ないし除外する例」と呼んでいる。この熱の本質とかかわりないものの排除の方法を用いることが、ベーコンの誇りとするかれの帰納法の特色であり、従来の素朴な帰納法と区別される重要な点であった。この排除が適切に行われたのちに、最後に肯定的事例から真実で正しい形相を発見できるとする。

最初の収穫と実験的検討

以上の三つの展示表と排除表とが適切に完成されたのちには、形相の発見は知力の優劣に依存することなく、容易・確実にできる。しかしここに、難問がある。

というのは、まず三つの展示表が十分、完全であるという保証がないことである。さらに、排除の表は、単純性質を排除するものであるが、われわれの単純性質についての概念が不明確で漠然としたものであるから、排除の表も完全とは言えないことである。

それゆえ、第一に展示の表の作成に要する際限ない仕事を簡略化する手段を考えなければならない。第二に、単純性質の正確な概念を定めなければならない。そのために知性が帰納をすすめられるように補助手段を工夫しなければならない。その補助手段としてベーコンは、後に述べる、九種のものをあげている。

厳密正確に形相を探究するには、知性の帰納のための補助手段によって、展示の表と排除の表とを完成させることが必要であるが、そこまで至らなくても、さきの三通りの展示の表を検討すれば何らかの発見がなされるであろう。その発見には誤謬もあり得るが、その発見を仮設的なものと考え、実験に訴えて修正していけば、真理に接近できるであろう。その行き方が、むしろ実際的と考えられる。「真理は混乱よりも誤りからいっそう早く現れるのであろう」から。それゆえ、上の三つの展示表と排除表とから、一つの仮設的な熱の形相を見出すことを試み、これをベーコンは、「熱の形相についての最初の収穫」、あるいは「知性の免許」、「解明の端緒」とも名付けた。その熱の形相についての最初の収穫とはこうである。まず、展示の第一の表から、熱の本性は運動であることをみ、さらに焰の例のように、膨脹運動であること、しかも一様な膨脹でなく、物体の小さな分子間の膨脹運動で、同時に阻止されたり、反撥されたりする運動であることなどを見た。それゆえ、「熱は、膨脹し、阻止され、抵抗する、小分子間の運動である」、という熱の暫定的な形相ないし真の定義を得たのである。

熱の形相ないし定義は、ベーコンの自然哲学の理論的部門の形而上学が探究すべきものであった。いま得たところの熱の形相は、試験的なものであるから、実験あるいは作業によって検討されなくてはならない。それは作業的自然哲学の仕事になるが、作業に対する指示は、つぎのことである。なんらかの自然物体のうちに、自己拡散あるいは膨脹的な運動をひき起こして、しかも、その拡散が均等に進まずに一部分は行われ、一部分は阻止されるというふうに運動を抑圧し、逆もどりさせてみる、ということである。もし、この作業によって期待するように熱が生じないときは、熱の形相は吟味され修正され、熱の定義は改められるのである。しかし、ベーコン自身は、この実験を試みなかった。

知性への補助手段

展示の表と排除の表とを完成するために必要な知性への補助手段としてベーコンのあげたものはつぎのものである。(1)特権的事例、(2)帰納の補助、(3)帰納の修正、(4)問題の性質による研究の変化、(5)研究に関する優先的性質、(6)研究の限界、(7)実際への応用、(8)研究の準備、(9)一般的命題の上昇的段階と下降的段階、これらである。これらのうち、ベーコンは最初の特権的事例として二七種の事例をあげている。特権的事例というのは、普通の事例よりも証明力があり、少数のそれらが多数の普通の事例の収集にまさり、それゆえ特別の注意を必要とし、一種の優先権を持つ事例という意味である。これによって、事例収集の仕事が簡略となり、しかも適切となるというのである。たとえば、色の研究の場合、それ自身のうちと外部の壁に色を生ずるプリズムは、花や宝石、鉱物その他の有色の事例と、色の外には何も共有していない。このことから、プリズムによって生ずる色だけを孤立させて研究し、色は投射され反射された先の映像の変化であるということが、容易に推定される。ベーコンは、このプリズムの例を、特権的事例のうちの第一の孤立的事例と呼んでいる。以下、ある性質が時に現われ、時に消える移動的事例、現象がもっとも強く現われている明示的事例など、二七種を『新機関』第二巻の大部分にわたって説明している。

その他の八種の補助手段については、名称をあげただけで、実際にはほとんど説明していない。もっとも必要な補助は、事物の概念——とくに単純性質の概念——を明確にし、排除の表を適切にすることであったが、それをベーコンは考えなかったと思われる。

ベーコンの帰納法

ベーコンの帰納法の特色は、すでにかれ自身の説明によっても示されているが、ファウラーはつぎのようにまとめている。(1)事実に問い、これを収集し、直接自然にふれ、一般命題を形成するまえに、観察し実験することの必要性を主張し強調したこと、(2)より低次の命題あるいは公理から、一般性のより高いものへの段階的な上昇、(3)単純枚挙の古い帰納法の代わりに、事例を選択し、比較すること、(4)権威の無視、(5)空想の制限、これである。

ソーレイは、自然史によって莫大な事例を収集し、排除法を用いて次第に一般性を加えるため徐徐に段階をおって進み、確実性に導くこと、これを特色としている。

以上のように特色づけられるベーコンの帰納法の価値、有効性はどうか。これについては、多くの学者は否定的である。上にあげたソーレイは、ベーコンの方法の一般的な着想の重要性と真理性とを認めながらも、二つの大きな欠陥を指摘している。研究の作業を進めるに際して用いる概念の妥当性と明確性との保証を欠いていること、および、事例の完全で莫大な収集を必要とするため、実際上、それが不可能であることである。この二つはベーコンも気が付いたことで、その対策を知性への補助手段として工夫しようとしたことは、まえに述べた。しかし、実際はそれを工夫することができなかったのである。

ソーレイはまた、以上の二つの帰結として、こう述べている。「ベーコンは、すべての科学の進歩が依存している仮説の真の性質と機能とを誤解し、実験的証明の本質的手段である演繹法を非難している。科学的発見と証明の方法とは、『新機関』の第二巻の方式に従わせることはできない」

と。ラッセルもベーコンの方法の欠陥を、仮説の強調の不十分さ、科学における演繹法と数学の役割の軽視にあるとしている。

ベーコンも、熱の形相を暫定的な仮説と考え、実験によって修正を加え、しだいに完全なものに近づけるものと考えた。しかし、ベーコンに欠ける仮説というのは、かれが経験あるいは実験の諸事実から帰納的に導いた一つの結論を、仮定的なものと考える、という意味のものではない。ベーコンに欠ける仮説というのは、帰納的手続に先立って収集する事例が適切か否かを選別するために必要な仮説である。あるいは、ガリレイやニュートンのように、少数の事実によって立てられ、後に経験的に検証されるような仮説である。すなわち、ガリレイは真空中の落体について数学的方法で理論的に分析し、推論を加えて予想される結果を仮説として立てた。つぎに金属球を斜面に転がして実験し、仮説の正しかったことを証明して落体の法則を発見したのである。あるいはまた、ダルトンが原子説によって、すべての化学的現象を説明したように、一定の現象を統一的に説明するための仮説である。

ベーコンも、右のような仮説の意義を全く認めなかったわけではない。一六〇四年の『物体の性質に関する考察』では、デモクリトスの原子論の仮説を支持している。しかし、原子論から離れて形相の研究に関心が移ってからは、形相発見のための自己の帰納法を直接に自然に聞く道として、すべての仮説を空想としてしりぞけてしまったのである。

一六一二年の『天体の理論』では、すべて天文学の仮説は論駁することも無益なこととして否定し、一六二〇年、コペルニクスの地動説には、それに当たるような実在的運動はない、と反対した。ベーコンの仮説に対する反対は、ブロードが言っているように、「偏見なく事実に接近すること」の強調の結果で、かれの極端な写実主義の結果である。そしてまた、想像力と空想とを混同した結果、創造的、構成的な想像力を理解することができなかったことによるものである。

ガリレイやニュートンは、仮説から分析的、演繹的に帰結を導き、その帰結を実験によって事実であるかどうかたしかめた。その演繹的推論と実験による吟味のさい、数学を道具として用い、現象を数量的関係で説明した。一七世紀における科学の進歩は、ガリレイやデカルトを代表とする数学的演繹的方法によって達成されたものである。ベーコンは、量の計測において、数学が諸学問に有用な補助手段となることを認めている。しかしそれよりもむしろ、数学は人間の知的能力の欠陥の是正に役立つと付随的効用に注意を向けている。演繹法については、帰納法によって導かれた結論、あるいは一般命題から実際の応用をする場合のほか価値を認めない。自然を研究し、発明・発見をするには、演繹法は全くしりぞけられた。科学的研究における演繹法、数学の本質的な意義を十分に理解することができなかったのである。

「大事業を開始する役割で」

諸家の指摘するように、ベーコンの帰納法自体に欠陥があり、また、近代の自然科学上の発見・発明でベーコン的帰納法によったものも見当たらない。けれども、権威から解放され、空想によらず、自然に直接にふれ、とりわけ実験の価値を強調したという点で、ベーコンにまさる人は、かれ以前にはなかった。実験科学とは、近代科学と同じ意味にさえなっている。ベーコンがかれ以前の粗雑で単純枚挙の素朴帰納法を批判し、組織的な観察、実験による科学的、方法的帰納法を主張した功績は認められなくてはならない。『新機関』が著作されて二二〇余年の後、ジョン＝スチュアート＝ミルは、大著『論理学体系』の中で、こう言っている。「ベーコンの著作は、帰納法のもっとも重要な原理のいくつかを含むけれども、自然研究は今やベーコンの帰納の概念をはかるに越えている。道徳的、政治的研究は、まだその概念のはるか後にある。これらの問題に対する当節の推論様式は、ベーコンが抗弁したものと同様に有害である。すなわち、これらの問題に使用されている帰納法は、まさにベーコンが非難した単純枚挙によるものである。あらゆる学派・党派によって主張される経験なるものは、いまだにベーコンの言った、たんなるひとなでである」と。ベーコンの主張には多くの弱点があったし、かれ自身も、自分を完全であるとは考えなかった。すなわちいう。「未来の時代のために、より純粋な真理の種子をまき、その大事業を開始するという役割をはたすことができるならば、わたくしは満足する」と。一七世紀の科学の進歩は、ガリレイやデカルトなどの数学的演繹的方法によって達成されたが、ベーコン的質的帰納法は、一九世紀に発達してきた地質学・生物学に、適用されることになったのである。

ベーコンの遺したもの

その他の諸部門

ベーコンの著作計画の第三部門、『哲学の基礎としての自然史および実験史、または宇宙の諸現象』は、元来、個人の力では完成を望み得ないものであった。『大革新』と合わせて『自然史と実験史に対する安息日の前日』が出版された。「安息日の前日」という題名は、ラテン語の新約聖書から借りた「パラスケーヴェ」(Parasceve) の訳語で、ユダヤ教の安息日のための準備をする聖なる日、という意味である。こういう書名を選んだのは、この一〇のアフォリズム（金言）と一三〇の自然史および実験史の目録から成る小著作が、自然史および実験史作成の指針を示したものにすぎないこと、および自然史と実験史が完成されるならば、人類にとって一種の安息日と言える新しい時代が始まることを暗示したからである。ベーコンが自然史と実験史をいかに重要視したかを、この著作の序文でこう言っている。「自然史と実験史がなければ、たとい全地球が哲学の研究のための学寮に変わったとしても、何ものも起こらない。反対に、これらが完成されたならば、自然や学問についての探究は、二、三年の仕事である」と。この小著作『安息日の前日』は序文のほか、『学問の前進』の自然史の三区分に従って、一から二一までは要素の諸部分に関する項目、二二から二五までは四つの要素に関する項目である。二六から四〇までは種に関する項目、四一から一二八までは人間性と諸技術の項目、一二九から一三〇までは自然史と数と形態の力に関する項目となりここで終わっている。そして、「現在、多くの気づかう仕事があるので、項目の目録だけの余裕しかない」、と断わっている。

『安息日の前日』の著作後二年たってから、『哲学の基礎のための自然史および実験史』を著作した。その序文で、神がもし余命を賜るならば、毎月、続刊して自然史を完成することを誓っている。そして、「自然史は、あらゆる知識と作業とのかぎである」と言っている。予定は、風、濃密、重さと軽さ、事物の同感と反感、硫黄と水銀と塩、生と死、以上の六つの題目の自然史であった。そのうち、『風の自然史』が、ほかの四つの自然史の序文をこれに含めて出版された。一六二三年には『生と死との自然史』が現れた。

『風の自然史』は、古代から当時にいたる、さまざまの地域における風の呼び名から始まって、三三項目の論題にわたっている。『生と死との自然史』は、ベーコンが医学の三つの任務としたもののうち、延命術を中心にすえて、多くの長寿の例をあげて、それらの生き方の中から何らかの特色を発見しようと試みている。

一六二四年に書かれた『資料の森』は、全部を一〇世紀に区分し、総計一、〇〇〇の項目から成る大部のものである。各項には、一つないし数個の事実の記述と、その現象の原因の説明がある。

これらの事実は、あるものはベーコン自身の観察であり、またあるものは伝聞あるいは多様な書物から得たもので、きちんと分類されておらず、乱雑な収集である。

第四部門に属する著作としては、『知性の階段』がある。これは序論だけの短いものである。その中で、「第二の著作の規則で述べた真実で合法的な研究の実例を、さまざまの主題によって示し述べることを提案する」と言っている。第二の著作とは、『新機関』のことである。すぐ続いて、「しかし、主旨を述べるだけにして、他のことは時を貸してもらえばたやすく完成できる」と、本論は述べずに終わっている。それゆえ、ベーコンが第四部門と考えたものの実例は、『新機関』で述べた形相の発見の手続だけである。

第五部門に属する『先駆者』は一六〇七年以後の著作で、きわめて短い序文だけのものであり、その中でこう言っている。「もしイドラをしりぞけ、書物の代わりに真の自然史で学びなおそうと決心しているならば、平凡な能力の者でも、自然の秘密を探究することができる」と。この部門は、先に述べたように、新しい帰納法哲学の完成まで、自然史に古い方法を用いて発見する過渡的方法の部門であるが、『先駆者』では、その実際を示していない。一六一二年の『天体の理論』と、同じ頃書かれたとみられる『潮の干満について』がその実例を示すものである。前者ではガリレイの地動説に反対し、天動説を主張する。すなわち、以下の事実から論理的、数学的な精妙さは捨てて、全体として休息が自然から除外されないのが合理的である、と主張する。その事実とは、天体運動の激しさと速度とが次第にゆるみ、不動の状態に至るように見えること、天体も天極に関係した休息にあづかること、もし不動が排除されたら天体の系統が解体するであろうこと、などである。そして、もし不動の密集体があるとすれば、それこそが大地球であることは確かめるまでもない、と言うのである。その他、天体の系統、天体の運動などを論じ、「これらのことは、自然史と自然哲学の糸をたどって、その上で理解したものである」、と結んでいる。

以上で、ベーコンが計画し、実行した五部門にわたる著作の概要を終わる。

ベーコンの科学的知識

ベーコンは、だれよりも実験の重要性を強調したが、自分で行った実験と言えば、それが死に至る病を招くことになった、メンドリの内臓部に雪を詰めることで腐敗を防止できるかどうかを試めそうとしたくらいのものである。したがって、ベーコンはせいぜい科学評論家で、かれの科学的知識は、当時の水準から見ても遅れていた。かれは、終生にわたって天動説を信じ、地動説は容認されない仮説として否定している。その根拠は、自然は休息を排除せず、そして休息があるとすれば、地球がもっともふさわしい、と言うのである。ケプレルの惑星の法則やガリレイの潮の干満の天文学的説明についても——多少、動揺があるが——否定している。同国人ギルバートの磁石の研究は、ベーコン的帰納法の実例であるが、ベーコンはギルバートの研究を洞穴のイドラの実例としている。すなわち、少数の実験から大胆に哲学を作り出す例としている。また、ギルバートの摩擦による静電気現象を作り話であると言い、摩擦によって生じた物体の欲望であると説明している。ハーヴィの血液循環説も、実証と帰納法推理でベーコン主義と見なされ得るのに、これを否定し、血液循環を振動運動と説明する。ベーコンは物理的運動を、単に機械的、量的、事実的なものと考えなかった。それは、物体に愛好や嫌悪、回避、支配、休息の欲求があるものと考えていたからである。かれの学問の分類の中には夢の解釈や予知、魅惑などが含まれ、迷信的なものから完全には脱皮されていなかった。

天文学の理論へのベーコンの反対は数学的な観察と論証に費やされているということで、数学的論証の価値の無理解が、かれの方法の欠陥と批判されるのである。しかし、ベーコンの天文学の批評がすべて的はずれなわけではなかった。かれは、天体運動には円運動のほかに、らせん運動や楕円運動があるかも知れないと言う。らせん運動と言うのは、今でこそ珍奇に聞えるが、当時のコペルニクスさえも取りつかれた、完全円運動信者に対する批判として正当であった。

ベーコンとデカルト　ベーコンは、デカルトと並んで西洋近世哲学の対立する二大傾向の代表者、源流とされている。

ベーコンは知識の有用性を基礎として、デカルトは知識の明晰性によって学問を再建しようとした。方法上は、ベーコンは実験、帰納法により、デカルトは理性と演繹法によっている。しかし、

デカルト

この二人は対立しながらも多くの共通点を持っている。両者とも、古い学問の行き方に徹底的に疑問を投げかけ、全く新しく再出発すべきことを唱え、学問上の急進的革新者であった。しかし、両者とも、その社会生活に対する態度は保守的で、伝統的道徳を尊重した。その思考の方法は、第三者から見れば、神の存在の否定が論理的必然であるかのように見えるのであるが、実際は神を否定しなかった。むしろ、それぞれ自国の宗教を信奉していたのである。

学問の誤りに対するベーコンの徹底した論駁は、いっさいを疑うことから始めるデカルトの方法的懐疑と符号する。けれども、人間の誤謬の原因とその治療に関しては、ベーコンの論（イドラ論）がいっそう詳細、深遠で光彩がある。ベーコンが、単純性質の形相からすべての物体の性質や現象を説明しようとしたことは、デカルトがもっとも単純で明晰なものから説明しようとしたことに符号する。

幾何学と力学とを革新したデカルトは、数学的論証においては、はるかにベーコンにまさっている。けれども、実験と帰納法については無力であり、ベーコンに席をゆずる。両者の長短は相補う関係にあったのである。

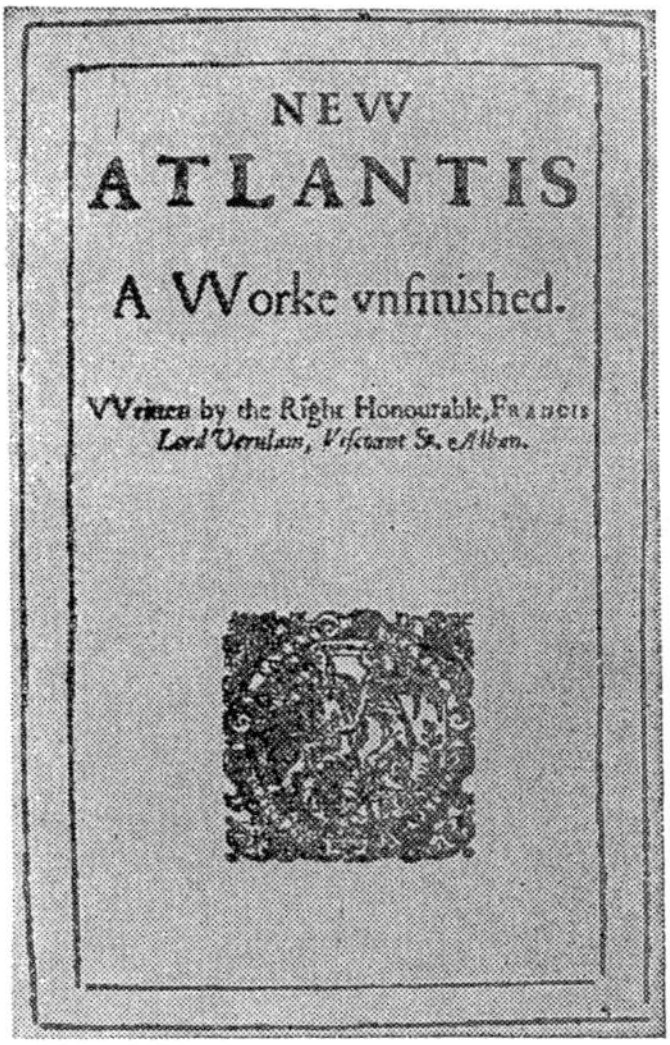

『新アトランティス』
初版の表紙

『新アトランティス』

諸学問の改革によって、人類の楽園を実現すること、これがベーコンの生涯の夢であり、努力の目標であった。そのためにかれは、個々の学問の欠陥を指摘し、改革の方向を指示し、なかでも研究の新しい方法に関する著作に力を注いだのであった。しかし、学問改革の事業は、個人の努力のみで完成させることは不可能で、多くの人々の長期にわたる計画的組織的協力を必要とするものであった。かれが世俗的地位の昇進を望んだ一つの理由は、このような事業をすすめるのに有利な地位を得るためであった。

組織的な研究の施設の必要性について、ベーコンは、いろいろな機会に語っている。一五九四年の作品『グレイズ－イン法学院のゼスチュア』の中の第二顧問官は、つぎのような勧告の演説をしている。すなわち、哲学の研究に関する四つの勧告である。第一はもっとも完全で全般的な図書の収集、第二は宇宙の自然を縮写した広大な自然園の建設である。そこには、各地の植物を栽植し、動物を飼育する。第三は、人工あるいは自然の偶然によって作られた珍しい事物を収集した標本陳列室、第四は、種々の器械、施設を備えた「賢者の石の宮殿」にふさわしい実験所である。

一六〇八年、かれが法務次官に就任した翌年の備忘録には、つぎのようなメモが見られる。すなわち、ウェストミンスター、イートン、ウィンチェスター、特にケンブリッジのトリニティーカレッジやセントージョンズまたはオックスフォードのマグダリーンーカレッジなどを念頭において、学者・文筆家を集める場所を設けることを考え、時を得て、国王や大司教・大蔵卿にこのことをすすめるつもりであったことである。また同時に、研究や編集に対する年金の給与、過去および将来の発明家の彫像を飾る廻廊、図書館、機械、器具室、多くの人々を集め協力させる規則、研究・実験のための規程や訓練、研究や実験のための旅行の許容、外国の大学との交信や交流など、発明のための大学の構想を練ったことがノートされている。一六二〇年の『大革新』の国王への献辞でも、ジェームズ一世に対して、自然史と実験史の編集事業への配慮を願っている。そして同じ年の『安息日の前日』では、先に見たように、自然史および実験史が完成されたならば、自然や学問についての探究の仕事は、数年の仕事であると述べている。

長くベーコンの念頭に生き続けた組織的研究機関は、一六二四年頃に書かれ、一六二七年に『資料の森』の付録として公刊された『新アトランティス』のソロモン学院に、もっとも生き生きと描かれている。

『新アトランティス』は、プラトンの『ティマイオス』の中で、大西洋上にあって海中に没した楽園とされている「アトランティス」から名を借りたものである。ベーコンは新アトランティスを太平洋上の周囲五〜六〇〇マイルの島でベンサレムという国があるところとしている。

ソロモン学院は、その長老の語るところによると、事物の原因とかくれた運動に関する知識を探究し、人間の帝国の領域の拡大を目的とする。そこには、地下実験室、気象・天体観測所、魚鳥飼育所、人工温泉、果樹、菜園などなど、あらゆる研究・実験の施設を持っているのはもちろん、この学院の長老がベンサレムの国政の指導者でもある。したがって、新アトランティスは科学者の指導する社会である。この国の人々は、敬虔で善良な性質であり、不和もねたみもなく、完全に秩序の保たれた国なのである。『新アトランティス』は、未完のまま後世に残されたが、ベーコンの計画を実行するために必要な社会的、政治的な組織のスケッチなのであった。

王立学会と『百科全書』

『新アトランティス』は、単なるユートピア物語として終わったのではなかった。ベーコンの死後三十数年たって設立された「王立学会」(Royal Society) は、『新アトランティス』のソロモン学院に示された、科学研究の組織の実現であった。これは、ロンドンの科学者たちが自然科学を推進するための組織の設立を提案し、一六六二年にチャールズ二世の詔書によって、「自然の知識の増進のための王立学会」として認められたものである。初期の会員には化学者ボイルがある。王立学会は、その後三世紀にわたって、科学の研究、応用、普及にはかり知れない貢献をしたのである。一六六七年に王立学会の最初の歴史を書いたトーマス＝スプラットは、「王立学会は、フランシス＝ベーコンの哲学的労作のもっとも早い実際的成果である」、と書いている。初期の会員（すべて科学者というわけではなかった）は、ベーコンの著作から多くの影響を受け、一六六三年の「王立学会規約案」にも、研究の部門にもベーコンの強い影響が示されている。

その影響は国内に留らなかった。一六六六年にフランスのルイ一四世の庇護のもとに設立されたパリ科学アカデミーも、ベーコンの著書から影響を受けている。すなわちベーコンの自然史編集の提案を採用して、動植物の自然史を作り、器械や発明の目録を作ったのである。さらに、ディドロー、ダランベールが中心となって、一七五一年から八〇年にわたって刊行され、フランス大革命に対する知的刺激となった、科学・技術・製造工業にわたる『百科全書』も、ベーコンの自然史および実験史に影響されたものである。ディドロー、ダランベールは、百科全書編集のインスピレーションの源泉を、ベーコン、デカルト、ニュートン、ロックなどに帰しているが、その序文でつぎのように述べる。「これらの有名な人々の先頭には、当然、イギリスの大法官、不滅のフランシス＝ベーコンをおかなければならない。かれの著作は知られること余りにも少ないが、正当に評価されるならば、賞讃よりも熟読に価する。この巨人の公正で遠大な見識、研究対象の多様性、文体の力強さ、崇高なイメージ、厳密な正確さとを考えるならば、かれをすべての哲学者の中でも、もっとも偉大で、世界的で雄弁な人と評価したくなるであろう。われわれの百科全書の企画は、主としてこの大著作家に負うているのである」と。

ベーコンの功績一〇項

ファウラーは、科学に及ぼしたベーコンの影響の性質を、つぎの一〇項目にまとめている。第一に、ベーコンは人々に、先駆者の声をもって、自然に沿い、その道を探究し、そのプロセスに従うように、だれにも増して声を大にして呼びかけた。第二に、実例と金言とによって、観察ならびに実験の重要性を主張した。当時、実験は行われていたが、錬金術師と結びつけられ範囲が限定されていた。ベーコンは、実験を自然研究一般に拡大し、その価値を高めたのである。王立学会、ボイル、ニュートンなどに影響を及ぼしたことは言うまでもない。第三に、ベーコンは初め外的自然の事実の研究に主眼をおいていたが、その主張は精神・行為・社会の事実の研究を促し、一七世紀末以後の精神・道徳・政治哲学の帰納的研究は英国思想の特色となった。第四に、自由な研究に必要なことは、有害な権威から人間の精神を解放することである。中世にもロジャー＝ベーコンのように研究の独立性を主張する人があった。しかし、ベーコンほど明確に、鋭利に、効果的に人々をまどろみから呼び覚した人はなかった。知的革命の促進に対する影響において、かれ以前のいかなる人もベーコンに及ぶものはいない。第五に、権威の束縛《そくばく》からの解放に劣らず重要なことは、想像の魔力から理性を解放することである。ニュートンが、「自分は仮説を作らない」と言ったのは、ベーコンの影響である。ベーコンの仮説に対する考えには行き過ぎがあり訂正を要する点もある。しかし、権威が失われたとき、人は想像に走り仮説の過剰に陥るもので、かれの時代にあっては痛切に必要であった。第六に、当時用いられた漠然とした、あいまいで不確実な帰納法に対して、かれの改革した論理学は、つぎのような特色がある。すなわち、証明力を備え、基礎となる事実が真ならば、三段論法の前提としての強固な基礎を与えるものであった。事実の体系的分析と帰納の証拠の整理によるベーコンの帰納論理学は、当時の自然的帰納法と区別される。ただし、アリストテレスの演繹論理学よりも、後世に改められ、加えられることは多かった。第七に、ベーコンは、つぎのことを繰り返し述べた。すなわち、「事例はただ収集されるのでなく、選択されなくてはならない」と。この格律は真であり、帰納法の眼目である。いかなる原理によって事例を選択し、いかなる手段によって事例の十分さを満足させるかは、困難な問題であるが、ベーコンは多くを語っている。ロバート＝フックがベーコンの規則を再現し、ジョン＝ハーシェル、J・S・ミルが修正し公式化している。第八に、科学的研究を実際的目的、すなわち人間の地位の向上、人生の安楽と便利のための支配力の増大に従わせることによって後代に深い影響を与えたことである。当時のすぐれた人々が論争した多くの愚問と、民衆の悲惨な状態を考え合わせるならば、偉大な政治家・哲学者が、人間の知的資力を人間の物質的条件の改善に用いることをすすめたことは驚くに当たらない。第九に、ベーコンが希望に満ちて事にあたったことも、かれの影響の大きな要素である。未来は過去よりもよく、現在の労苦は次代の生活の改善をもたらさずにおかないという確信は、人間の健康な本能である。この確信をもって強く人々を鼓舞したことでは、ベーコンにまさる人はなかった。第十に、これらの影響の源泉として、ベーコンの言葉づかいの精妙さをあげなくてはならない。かれの言葉づかいは華麗、荘重で威厳があり、人をしてこれを忘れ、反撥することを不可能ならしめる。かれの語法は、イドラ論や事例の場合のように、一風変わった場合にいっそう魅力的で記憶に残る。かれのように活力ある著者は稀であり、イギリスのソクラテスと呼び得るであろう、と。

おわりに

ベーコンは、一六〇三年かれが四二歳の時の著作『自然の解明の序論』の中で、自分の人生の目標、自分の性格や能力、生活について自己評価、反省をし、つぎのようなことを述べている。すなわち、かれ自身は人類への奉仕のために生まれたと確信していること、人類の生活の改善のために新しい学問・資産・必要品の発明に貢献することが最も必要と思い、その仕事がかれ自身に最適のものであると述べている。しかしながら、自分の家柄と国家への忠誠心とから、また自分が最適とし奉仕しようとしている仕事への援助を得るために公職上の地位の昇進をめざしたために目標が少しそれたと述べている。これらのことは、ベーコンの生涯全体についても言えるであろう。

ベーコンは世俗的欲望に恬淡《てんたん》としており、もっぱら研究に没頭したというわけではなかった。地位や富への欲求も人一倍強く、そのために失敗もしたのであった。しかしながら、かれの富や地位への欲望は、かれの性格、境遇によるほかに、かれの偉大で高貴な野心を有利に進めるためのものであった。その高貴な野心とは、学問を正しく目的と方法とによって再建し、それによって人類の福祉を増大することである。ベーコンによれば、学問の目的とは人類に福祉をもたらすことにあったのである。自然を支配し人類の現在の状態を改善することに有効なものこそ真の知識であり、学問の名に値する。かれは、学問再建の全計画を「大革新」と呼んでいる。この大革新は、かれが『随筆集』の中で倫理善を最もよく表現するものとしているフィラントロピア（人類愛）の実行であり、聖書信仰に支えられたものであった。

学問の目的を正しくおいたのちに、正しい方法を用いなくてはならない。それは、古代への尊敬、偉人の権威、一般の常識観念などから離れて、事実そのものに従うことである。かれは、これを新しい帰納法、すなわち新機関と呼んだ。彼はこの方法は、自然研究だけでなく、すべての学問に適用されるものと考えた。かれは繰り返して、諸学問は一本の根幹に連なる一身体であると説いている。諸学問の協力が人類に福祉をもたらすというのである。

ベーコンの学問計画は、もともと未完成の提案という性格のものである。また、かれの科学的知識は当時の水準からは劣るものが多く、かれの提案した研究のなかには、今日では科学の席を失ったもの――たとえば、観相術、夢の解釈など――もある。かれが学問と技術の発明の方法とした、新しい帰納法の過程にも多くの欠点もある。しかし、公平な自己批判によってイドラから解放され、経験から得た結論を仮説と考え、実験に訴え吟味し一般化するという、かれの方法の精神は、すべての研究においても基本的なものである。かれは、新しい方法の創始者、科学上の発見者ではなかったが、科学の精神の鼓吹者であった。学問を人類の歴史の新しい勢力と考え、産業技術の発展を推進し、人類の運命を支配する力となることに対する洞察は抱括的で徹底しており、適確であった。この点では同時代人のいかなる人にもまさって偉大であった。

理論的領域にくらべて、実践的学問におけるかれの主張は保守的であった。科学においては新しい時代の予感のもとに人類的見地に立ち、伝統にとらわれず、自由思想家として批判し、改革を勧告し提案した。しかし政治の領域では、力の国家、強力な王制の擁護者であった。けれども、知識が増し人類は進歩するという歴史の考え方、哲学の伝統的形而上学からの解放、倫理学と宗教の分離の傾向、地上的幸福と世俗的成功の肯定など新しい時代の原則に向かっていた。

ベーコン年譜

西暦	年令	年譜	関係事件ならびに参考事項
一五六一		1月22日、国璽相ニコラス＝ベーコンと後妻アン＝クークとのあいだの二男として、ロンドンのストランドのヨークーハウスに生まれる。	メアリ＝スチュアート、スコットランドに帰り、エリザベス女王との間の抗争が始まる。
六三	2		イギリス教会の信仰条項三九ヶ条が起草される。
六四	3		シェークスピア生まれる。
六八	7		メアリ＝スチュアート、幽閉さる。
六九	8		イギリスの旧教徒、乱を起こす。
七〇	9		エリザベス女王、ローマ法王から破門される。
七一	10		信仰条項三九ヶ条公布される。
七二	11		聖バーソロミュー祭日の大虐殺。
七三	12	4月、ケンブリッジ大学、トリニティーカレッジに入学。	
七五	14	12月、学位を取ることなく、ケンブリッジ大学を去る。	

一五七六	15	6月、グレイズ－イン法学院に入学。	
七九	18	9月、駐仏英国大使エイミアス＝ポーレットに随行してフランスに渡る。滞在中に新しい暗号記述法を発明する。	
八一	20	2月、父ニコラス急死。3月、フランスより帰国する。	レヴァント貿易のためトルコ会社が誕生。
八二	21	グレイズ－イン法学院より下級弁護士（アッター－バリスター）の資格を授けられる。	
八三	22		ハンフリー＝ギルバート、ニューファンドランドを占領する。
八四	23	11月、エリザベス女王召集の第五国会に、ドーセットシアのメルカム－リージス選出の下院議員となる。	ウォルター＝ローリイ、北アメリカ植民事業を勅許され、北カロライナを占領する。
八五	24	この頃、哲学の再興に関する、『時代の最大の誕生』を著作。	イングランド軍、オランダに侵入。
八六	25	グレイズ－イン法学院の幹部員（ベンチャー）となる。星室庁弁護人の資格を与えられる。エリザベス女王の第六国会にトォーントン選出の下院議員となる。	カトリック教徒バビントンらによるエリザベス女王暗殺未遂事件おこる。
八七	26		メアリ＝スチュアートの死刑が執行される。

一五八八	27	グレイズ－イン法学院の講師（リーダー）となる。11月、エリザベス女王の第七国会にリヴァプール選出の下院議員となる。	8月、スペインの無敵艦隊、撃滅される。
八九	28	星室庁書記の継承権を授けられる。	
九一	30	この頃、エセックス伯と知り合いになり、以後恩顧を受ける。	
九二	31	仮面劇の脚本、『知識の賞讃』などを書く。	
九三	32	エリザベス女王の第八国会にミドルセックス選出の下院議員となる。上納金に関する演説で女王の不興を招き、接見を禁止さる。	王位継承権に関する発言のため数名の議員が投獄される。国教遵奉法公布される。
九四	33	エセックス伯の推挙により法務長官、法務次官に就任しようとするも失敗する。仮面劇の脚本『グレイズ－イン法学院のゼスチュア』を書く。	アイルランドにティローン伯の反乱が起こる。
九六	35		エセックス伯、カディスにおいてスペイン艦隊を破る。
九七	36	『随筆集』第一版を発行。『善と悪との特色ならびに聖なる思索』を著作。エリザベス女王の特別顧問官に正式に任命される。エリザベス女王の第九国会に、サウザンプトン選出の下院議員。エンクロージャー反対法案、上納金法案を支持する。	国会で反独占論争起こる。エセックス伯、アゾレスのスペイン要塞を攻撃する。

一五九八	37		伯父ウィリアム＝セシル死去。
九九	38		エセックス伯、ティローンの反乱平定のためアイルランドに遠征。エセックス伯、遠征に失敗し、命令に反して帰国する。
一六〇〇	39		東インド会社設立される。
〇一	40	エセックス伯の反乱事件の裁判に参加、有罪を支持する。普通法の大家エドワード＝コークとのあいだの争い起こる。エリザベス女王の第一〇国会にイプシウィッチ、セント＝オールバンス選出の下院議員となる。耕地法の撤回と独占禁止法案に反対する。	2月、エセックス伯、処刑される。ポルトガル人、オーストラリア大陸を発見する。5月、兄アントニイ死去する。
〇三	42	ジェームズ一世の学識顧問官となりナイトの称号を受ける。『自然の解明の序論』、『ワレリウス＝テルミヌス』、『時代の雄々しい誕生』などを著作する。『学問の前進』の第一巻を書く。	3月、エリザベス女王崩御。7月、スコットランドのジェームズ六世、イングランドのジェームズ一世として即位する。
〇四	43	ジェームズ一世の第一国会において、イングランドとスコットランドの統合に関する委員会のメンバーとなる。『物体の性質に関する考察』、『人間の知識に関する考察』を書く。	

一六〇五	44	秋、『学問の前進』を出版する。	国王および国会を破滅しようとした火薬陰謀事件が発覚する。
〇六	45	5月、アリス＝バーナムと結婚する。	ジェームズ一世、国会を無視して、トン税およびポンド税を課税する。スコットランドの長老派牧師追放される。
〇七	46	6月、法務次官に任命される。『大革新』の構想ができる。『革新の第二部の概略と議論』、『探究の規則』『思索と結論』を書く。	
〇八	47	『諸哲学への駁論』を書く。星室庁書記を継承する。	
〇九	48	『新機関』の予備草案を書く。『古代人の知恵』を公表する。	ジェームズ一世、国会で王権神授説を公言する。
一〇	49	母アン＝ベーコン死去する。ニューファンドランドへの漁業植民事業に参画する。	ガリレイ、木星の衛星、月の斑点、太陽の黒点などを観測。ケプレルの法則、イギリスに知られる。「欽定英訳聖書」が刊行される。
一二	51	『随筆集』の第二版を刊行する。『知識の地球儀の区分』、『天体の理論』を書く。特許権裁判所判事に任命される。	従弟ロバート＝セシル死去。

一六一三	52	法務長官に任命される。「国会召集の理由」、および「国会召集に対する勧告」を書き、ジェームズ一世に国会との協調をすすめる。	イギリスの使節、日本を訪れ、両国の通商が始まる。
一四	53	ジェームズ一世の第二国会に下院議員となり、特例により法務長官の兼職を認められる。	
一五	54	ピューリタンの牧師ピーチャムの不敬事件の審問に加わる。	
一六	55	サマシット伯事件の審問に加わる。6月、枢密顧問官に任命される。	シェークスピア死去。エドワード＝コーク、王座裁判所長官を免ぜられる。ハーヴィ、血液循環説を発表する。
一七	56	3月、国璽相に任命される。『随筆集』、『古代人の知恵』がイタリア語に翻訳される。	
一八	57	1月、大法官に任命され、7月にヴェルラムの男爵に叙せられる。	ウォルター＝ローリイ、反逆罪の名で処刑される。三十年戦争始まる。
一九	58	『随筆集』、フランス語に翻訳される。	
二〇	59	『新機関』を主要部分として『大革新』を公刊する。	
二一	60	1月、セント‐オールバンスの子爵に叙せられる。ジェームズ一世の第三国会において専売権が問題となる。3月、上院で調査、5月、収賄の罪を宣告される。6月、禁	

		固刑から釈放され、10月、ゴランベリに隠退する。	
一六二二	61	『ヘンリ七世の統治史』を出版。『風の自然史』を含む『自然史および実験史』を書く。	
二三	62	『生と死の自然史』を書く。『学問の前進』の増補ラテン語訳『学問の威厳と増大』を出版する。	
二四	63	『資料の森』、『新アトランティス』を書く。	ジェームズ一世の第四国会、独占条例を公布する。国王の専売権授与を制限する。
二五	64	『随筆集』の第三版を刊行する。	3月、ジェームズ一世崩御、チャールズ一世即位。
二六	65	3月末、ロンドン郊外のハイゲートへ馬車で向かう途中、悪寒のため倒れる。4月9日、イースターの朝、甥のケーザーの腕にいだかれて永眠する。	
二七		『資料の森』、『新アトランティス』が出版される。	

参考文献

ベーコンの多様な領域にわたる大量の著作は、ベーコンの学んだケンブリッジ大学のトリニティーカレッジ出身の三人の学者、ロバート＝レズリ＝エリス、ジェームズ＝スペディングおよびダグラス＝ディーノン＝ヒースが「著作」七巻、「書簡と生涯」七巻、合わせて一四巻に編集している。

ベーコンの著作の日本語訳にはつぎのようなものがある。

ノーヴム・オルガヌム　岡島亀次郎訳
　世界大思想全集　第七巻　春秋社　昭2

ベーコン随筆集　神吉三郎訳　岩波文庫　昭10

ニューアトランチス　中橋一夫訳
　世界古典文庫48　日本評論社　昭23

ベーコン随筆集(抄)　成田成壽訳
　世界人生論全集　第四巻　筑摩書房　昭38

学問の進歩、ノヴム・オルガヌム、ニュー・アトランチス　服部英次郎訳　世界の大思想　第六巻
　河出書房　昭41

ベーコン随筆集　成田成壽訳　角川文庫　昭43

随筆集、学問の発達、ニュー・アトランティス
　成田成壽訳　世界の名著　第二〇巻
　中央公論社　昭45

学問の進歩　服部英次郎・多田英次訳
　岩波書店　昭49

研究書としては、つぎのものがある。

ベーコン　上田泰治著
　世界思想家全書8　牧書店　昭39

フランシス・ベーコン　ベンジャミン・ファリントン著　松川七郎・中村恒矩訳　岩波書店　昭43

さくいん

—A—

ベーコン■人と思想43　　　　定価はカバーに表示

1977年10月31日　第1刷発行©
2016年2月25日　新装版第1刷発行©

・著　者　……………………………石井《いしい》　栄一《えいいち》
・発行者　……………………………渡部　哲治
・印刷所　…………………………広研印刷株式会社
・発行所　…………………………株式会社　清水書院

〒102-0072　東京都千代田区飯田橋3-11-6
Tel・03(5213)7151～7
振替口座・00130-3-5283
http://www.shimizushoin.co.jp

検印省略
落丁本・乱丁本は
おとりかえします。

CenturyBooks　　　　Printed in Japan
ISBN978-4-389-42043-7

CenturyBooks

清水書院の〝センチュリーブックス〟発刊のことば

近年の科学技術の発達は、まことに目覚ましいものがあります。月世界への旅行も、近い将来のこととして、夢ではなくなりました。しかし、一方、人間性は疎外され、文化も、商品化されようとしていることも、否定できません。

いま、人間性の回復をはかり、先人の遺した偉大な文化を継承して、高貴な精神の城を守り、明日への創造に資することは、今世紀に生きる私たちの、重大な責務であると信じます。

私たちがここに、「センチュリーブックス」を刊行いたしますのは、人間形成期にある学生・生徒の諸君、職場にある若い世代に精神の糧を提供し、この責任の一端を果たしたいためであります。

ここに読者諸氏の豊かな人間性を讃えつつご愛読を願います。

一九六七年

清水 梼心

SHIMIZU SHOIN